Bahor Turaeva

O problema do tempo literário nos romances históricos

AF376472

Bahor Turaeva

O problema do tempo literário nos romances históricos

ScienciaScripts

Imprint

Any brand names and product names mentioned in this book are subject to trademark, brand or patent protection and are trademarks or registered trademarks of their respective holders. The use of brand names, product names, common names, trade names, product descriptions etc. even without a particular marking in this work is in no way to be construed to mean that such names may be regarded as unrestricted in respect of trademark and brand protection legislation and could thus be used by anyone.

Cover image: www.ingimage.com

This book is a translation from the original published under ISBN 978-3-330-33129-7.

Publisher:
Sciencia Scripts
is a trademark of
Dodo Books Indian Ocean Ltd. and OmniScriptum S.R.L publishing group

120 High Road, East Finchley, London, N2 9ED, United Kingdom
Str. Armeneasca 28/1, office 1, Chisinau MD-2012, Republic of Moldova, Europe
Printed at: see last page
ISBN: 978-620-7-73322-4

Copyright © Bahor Turaeva
Copyright © 2024 Dodo Books Indian Ocean Ltd. and OmniScriptum S.R.L publishing group

RESUMO

A teoria do tempo literário foi introduzida no contexto concetual, no qual se investigou o estudo sistemático do sistema coletivo de formas, tipos, categorias, métodos do tempo literário, e o sistema integrado de cronologia em consonância com o conceito de tempo literário, a sua interpretação científica, fundamentos teóricos e metodológicos. A relevância da conceção do tempo literário foi estudada na expressão do conhecimento do espaço e da natureza através dos romances históricos.

Esta obra destina-se a estudantes, investigadores e especialistas em filologia, literatura e filosofia.

ÍNDICE DE CONTEÚDOS:

INTRODUÇÃO

O conceito moderno de tempo literário no mundo e a literatura uzbeque como um problema científico-teórico complexo e de grande escala tornou-se uma questão atual da literatura mundial nos últimos quinze anos. Uma análise complexa e universal da palavra arte, a especificação de um tempo literário e numa variedade de tipos e géneros literários requer a solução de uma série de questões conceptuais. Um mundo literário como realidade existe de facto no tempo e no espaço. A realidade literária exprime-se no romance histórico com base na individualidade do autor, nas categorias de tempo e espaço que transformam o "modelo" simbólico do mundo do tempo literário no "modelo" do tempo literário. Uma exploração criativa de um tempo literário que assegure a aceitação de um tempo literário como uma forma completa integral é um problema científico-teórico atual, cujo estudo é relevante para compreender a natureza estética da palavra arte (Lixachyov, Dmitriy. A poesia da literatura russa antiga.-P. 210). Sendo parte integrante de uma obra de arte, o tempo e o espaço asseguram a sequência do sistema de acontecimentos, a sua viabilidade e veracidade. O tempo literário está intimamente ligado ao processo de narração. Um sistema de acontecimentos ocorridos, a ocorrer e a acontecer num determinado espaço e tempo reflecte-se no texto literário. Só no caso de o tempo literário existir é que o conteúdo completo da obra de arte será fornecido.

A categoria do tempo é de grande importância devido a uma abordagem concetual moderna do conceito de existência, através da qual se reflecte o mundo nas obras de arte.

Uma vez que a capacidade de ver o tempo, de ler o tempo, de ler os sinais do tempo em tudo, desde a natureza até à moralidade humana (mesmo noções abstractas), são consideradas características profundas de qualquer (Baxtin M.M. Estetika slovesnogo tvorchestvo, 1967. - P. 204-205.) poética principal da palavra arte. O tempo literário como enredo de uma obra de arte está ligado ao sistema de personagens e toda a estrutura poética literária entrelaça-se com a estrutura do enredo de uma obra de arte. O tempo na literatura é um complexo de formas diferentes na palavra arte, sistema de tempo dinâmico e estético e artístico assimilado. Por outras palavras, um tempo literário como meio de modelação literária é representado como o "coordenador quaternário" e a existência de um herói literário. O fenómeno de um tempo literário pode ser aprendido nos romances históricos usbeques com base na individualidade criativa do escritor, de acordo com a compatibilidade comparativa-tipológica. Em especial, os romances históricos de Adil Yakubov, Maqsud Kariev, Pirimkul

Kadirov, Mirmuhsin, Muhammadali, que contribuíram significativamente para o desenvolvimento do estilo nacional de escrita de romances, devem ser investigados do ponto de vista da época literária. Um estudo comparativo das obras escritas no início da época da independência, com base em fontes históricas e obras históricas, permite descobrir uma verdade histórica no exemplo de uma época literária. A definição das normas de condicionalidade em diferentes tipos literários e jenres no aspeto de um tempo artístico envolve diferentes "tarefas". Estas funções nos romances históricos, de acordo com o tempo histórico e o tempo do romance, são especiais do ponto de vista concetual e do jenre. Assim, os romances históricos, especialmente de acordo com as suas características temáticas de género, são históricos no tempo e no espaço, cuja história está eternamente viva. O desenvolvimento criativo de um tempo literário, ou seja, o seu estudo teórico-concetual do ponto de vista comparativo-analítico, requer uma atenção especial.

1. UMA TEORIA DO TEMPO LITERÁRIO

Uma vez que qualquer categoria da filosofia sempre foi uma base teórico-metodológica para todos os sistemas e tipos de ciência, as categorias universais de espaço e tempo, por exemplo, também podem ser consideradas categorias estético-criativas. "Cada substância, da natureza ao homem, ao comportamento humano e às ideias (mesmo as noções abstractas) tem a capacidade de ver o tempo, de ler os sinais do fluxo do tempo" (Bakhtin M.M. Aesthetics of verbal creativity. 1967. -P.P. 204-205), o que é específico de qualquer grande palavra poética de arte.

O tempo literário "não é um olhar sobre o problema do tempo, mas é o próprio tempo, como ele se revela e se descreve numa obra de arte. Não é a pesquisa da conceção do tempo a ser contada por este ou aquele autor, mas a pesquisa deste tempo em si que é mais importante para a compreensão da natureza estética da literatura". Enquanto evento literário de tecelagem de uma obra criativa (Likhachev D.S. The poetry of Old Russian literature. -1979. P. 210.) está diretamente ligado a todas as características da literatura, ao seu sistema de imagens, a toda a sua estrutura poética.

O tempo na literatura é qualificado de forma diferente pela palavra de arte, é um tempo em movimento, é um sistema de tempo desenvolvido criativa e esteticamente. Dito de outra forma, o tempo literário como meio de modelação literária é uma "quarta coordenada" do mundo literário, considera-se que exprime a existência da personagem literária, expressão do sujeito descritivo. A existência da personagem literária é um tempo concetual (é o pano de fundo dos acontecimentos literários, a realidade exterior modelada de forma literária para um leitor). A existência da descrição do sujeito é um tempo percetivo.

O tempo literário depende da modelação criativa, das características do género da obra criativa, do estilo literário e das noções de imaginação do autor, bem como da direção da literatura em que a obra foi criada. Por esta razão, o sistema do tempo literário distingue-se por características tão diversas como formas, tipos, categorias e até por estilos derivados das ideias criativas e dos desejos do autor. Pode ser mutável, condicional e diverso. Para o fluxo do tempo, o "modelo" numa obra literária baseia-se no ponto de vista do autor, que é um poder associativo de composição central das relações temporais num texto literário. Devido a este fundamento, "todas as mudanças numa obra literária são recolhidas no desenvolvimento da linha universal ligada à direção geral da arte da palavra" (Likhachev D. A história da poesia da literatura russa. 1994. - P.127).

O tempo literário, sendo um acontecimento poético de tecelagem da palavra de arte, transforma o "modelo" de tempo do mundo num "modelo" de tempo literário. A forma de uma unidade simbólica condicional é um atributo discreto do mundo literário como um tempo literário do desenvolvimento estético-criativo, a ocorrência de um evento literário, uma forma de existência, a sua descoberta criativa, um fornecedor da sua perceção estética completa, organizador de uma peça literária, a sua composição, o próprio tempo no estatuto de categoria estética criativa a ser transformado em características importantes de uma imagem literária, a sua revelação e descrição na obra, um sistema estético-literário concetualmente completo da "quarta coordenada" do tempo que consiste em diversos sistemas harmoniosos sujeitos a mudança de um momento estruturalmente complicado, muitos momentos curtos dobrados, da origem à eternidade, do tempo interno ao externo.

É verdade que o tempo literário que mostra a individualidade criativa do autor numa obra literária é um sistema completo de sistemas estruturalmente complicados e mutuamente diversos derivados da conceção ideológico-estética de uma obra criativa. Uma viagem estética para escrever a intenção criativa faz um sistema completo do tempo literário na harmonia das relações causa-tempo no dialeto de cada forma, tipo, categoria e estilo do sistema de tempo. Toda uma poética do tempo literário numa obra literária é desenvolvida a partir desse sistema completo das relações de tempo. Todo o sistema é composto pelas formas, tipos, categorias e estilos do tempo literário.

1.1. Formas do tempo literário.

As relações temporais como forma de mudança contínua de acontecimentos e substâncias são estudadas pela categoria gramatical do verbo apresentada pelo Tempo Passado, o Tempo Presente e o Tempo Futuro do Verbo. Estas categorias gramaticais são também três formas temporais do tempo literário no momento. No mundo da literatura também existem estes três tempos representados pelo pretérito literário, pelo presente literário e pelo futuro literário, que numa camada de tempo literário podem passar do primeiro para o segundo ou para o terceiro (e vice-versa). A mudança dialética mútua do tempo é peculiar à poética de uma obra literária, que é uma necessidade de desenvolvimento da intenção criativa de um escritor. Esta necessidade estética requer, naturalmente, a atividade criativa da forma do tempo literário. A atividade criativa do tempo literário atual não só determina as especificidades da estrutura da ficção, mas também liga o tempo presente ao passado, ou o tempo presente ao futuro. Não representa apenas a atividade criativa de uma das formas de tempo, mas também envolve no abraço de uma peça quer o presente, quer o passado, quer o futuro, quer o passado e o futuro que se encontram no "abraço" do presente. É sobretudo por esta razão que o presente do indicativo, como princípio regente, desenvolve uma unidade da estilística e da poética de uma obra literária (expressões que vão das formas gramaticais aos dispositivos de descrição literária). Cada imagem, em particular, as personagens principais revelam-se completamente no tempo presente. Deste ponto de vista, o presente do indicativo tem um estatuto de princípio, de direção, de governo: abrange em si todas as categorias e formas do tempo literário. Para o dizer mais cientificamente, "o tempo presente é um pilar de sustentação de cada tipo de ilusão temporal" (Gyuo M. A origem do conceito de tempo. 1998. - P. 33). A trama literário-poética de cada obra é composta por uma complicada mistura de formas e tipos de tempo. Por outras palavras, na poética do tempo literário, o tempo presente é considerado o núcleo na maioria das apresentações. "Na linguagem da ciência, exprime-se assim: no tempo presente, encontramos as marcas do tempo passado e os indícios do tempo futuro. Mas este tempo presente, verdadeiramente, é a realidade porque é exatamente como é agora" (Gay N.K. Art of Word. 1967. - P. 243.). É verdade que, numa grande obra épica, o tempo presente literário, como presente gramatical, não só expande a fronteira que está a ser descrita, mas também proporciona uma harmonia composicional contínua de desenvolvimento causal-temporal da linha do enredo e dos acontecimentos, bem como determina as relações do passado e do futuro com o presente no mesmo momento. Tal como os tempos verbais passado, presente e futuro se misturam com as formas dos tempos verbais passado, presente e futuro, criam a sua complicada "paisagem" sintética.

Naturalmente, cada obra literária tem o seu próprio tempo poético literário. É natural que na lírica o tempo presente, na prosa ou na dramaturgia uma das formas de tempo desempenhe um papel prioritário. Mas as obras lírico-épicas, de prosa e de teatro são compostas pela síntese de diversas formas de tempo poético literário. Nas grandes obras épicas, as três formas do tempo literário organizam todo um tempo épico na dialética das relações causa-tempo.

Criando uma unidade independente e complicada do mundo do tempo criativo, esta dialética das formas do tempo apresenta-se através dos desejos do sujeito como as intenções de um autor. Independentemente do tipo de trabalho que um autor cria, sobre que período ou sobre quem escreve, ele aborda-os a todos a partir das alturas do seu tempo. Esta posição na criação de um homem de arte é justificada pela existência dos elementos do tempo presente que determinam a poética do tempo literário. Além disso, esta posição torna o espírito de toda a obra "modernizado", o que significa que, nos materiais do passado e do futuro, o autor procura respostas literárias para as questões importantes do presente que podem resolver o destino, o destino da humanidade.

As categorias gramaticais do verbo, compostas por três tempos verbais, são as formas universais e absolutas do tempo. No mundo material, elas formam uma unidade, têm limites definidos. Mas no mundo da ficção literária esses limites são relativos. Neste sentido, o mundo da arte tem os seus tempos e tempos verbais. Só que eles não são absolutos, mas relativos. Um mestre da literatura cria o seu próprio mundo do tempo literário a partir da sua intenção estético-criativa, das especificidades do género da obra e da sua conceção ideativa-literária. Neste mundo, o tempo presente permanece, em todo o caso, como tempo-núcleo de raiz. Porque guarda no seu "abraço" tanto o tempo passado como o tempo futuro. As formas temporais literárias são um sistema universal completo e complicado, determinado pelas relações causais - temporais dos tempos passado e futuro em torno do núcleo deste mesmo tempo presente.

1.2. Tipos de tempo literário.

Os tipos de tempo literário baseiam-se em diferentes tipos e géneros da arte da palavra. Pois estão diretamente ligados aos tipos (géneros) literários apresentados por um tempo lírico, um tempo dramático e um tempo épico.

O tipo de tempo lírico constitui a base da poética do tempo dos géneros lírico e lírico-épico e distingue-se pela sua excessiva condicionalidade. Trata-se de um discurso livre sobre o tempo literário lírico que abrange desde um piscar de segundos até à eternidade ilimitada que existe fora do tempo. Na poesia lírica, a complicada mistura de camadas de tempo depende da natureza da cobertura. Esse entrelaçamento do tempo assume uma forma poética no conteúdo do passado e do futuro, do futuro e do presente, do presente-futuro e do presente, do presente e do futuro. Mas nas letras pode não haver uma imagem absoluta do tempo.

O tempo lírico é o tempo dos sentimentos de uma personagem lírica, o tempo de exprimir os seus corações e almas, num piscar de segundos inundado de sentimentos emotivos e ternos.

Na lírica, como é habitual, o aspeto temporal do mundo literário está relativamente desenvolvido. Nela, a distância entre um poeta e uma personagem não só é minimamente curta, como na poesia lírica essa distância é quase nula: o poeta e a "pessoa" heróica lírica unem-se. E esta harmonia natural - a harmonia do sentimento e do pensamento - cresce num tempo emocional fora do tempo verbal, não sentido ou reconhecido pelo tempo verbal, tendo-se tornado o tempo de uma personagem lírica do tempo lírico do poeta. Esse tempo marca as ondas de sentimentos e as espumas de paixão que passam num momento de segundos - o tempo das paisagens que rodam dentro do chamado coração e que se harmonizariam não só na coordenação dos tempos presente, passado e futuro, mas também a imagem das imagens condicionais-simbólicas do tempo lírico e do espaço lírico se unem plenamente na poesia. Assim, o tempo condicional-simbólico de um poeta e de uma personagem lírica apresenta um estatuto de tempo poético lírico. Esta dinâmica temporal num texto poético é criada em função do tempo gramatical do verbo. Em todos os casos, o tempo lírico é sobretudo condicional, podendo muitas vezes ser mesmo abstrato.

Um tipo de tempo dramático distingue-se pela sua caraterística condicional. A condicionalidade é caracterizada pela sua ligação com o diálogo que "prossegue" no tempo dos espectadores do teatro e das personagens - participantes da cena, uma vez que se destina principalmente à cena do teatro dramático. É claro que cada dramaturgo tem a sua própria imagem do tempo literário. Mas, para todos eles, o carácter comum da condicionalidade do tempo literário permanece sempre inalterado: por muito importante que seja o papel das cenas numa peça de teatro, por muito pouco que o acontecimento possa ser descrito, por muito que possa ser separado em pequenas cenas, os discursos (diálogos) das personagens pronunciados em voz alta permanecem como um tempo fechado do drama e dependem do texto do seu discurso interno.

Um tipo de tempo épico. Os tipos épicos do tempo literário são muitas vezes abordados livremente: o seu tempo épico é multifacetado, de grande envergadura, denso, urgente (dezenas de anos reais podem passar rapidamente em dez dias ou num piscar de olhos), complicado, até mesmo interessante. Por exemplo, são observados em romances, especificamente em peças de prosa épicas. Muitas vezes, as especificidades genérico-composicionais de uma grande obra épica em prosa dependem da expressão literária do âmbito temporal dos acontecimentos que estão a ser descritos. "O tempo literário é considerado uma categoria de desenvolvimento de acontecimentos e, antes de mais, aparece numa ordem específica de acontecimentos" (Rzhevskaya N.F. Study of the problem of art time in foreign philology. /Boletim da Universidade de Moscovo. 1969. ,No5. - P.54.). Aqui depende se o peso do conteúdo do tempo é consistente com a ordem dos eventos do enredo do procedimento de descrição. Nos casos em que são inconsistentes, as diferentes formas de tempo (passado, hoje, amanhã), os tipos (dramático, lírico, épico), bem como as categorias (psicológico, biográfico, lírico, tempo de fundo, etc.) entrelaçam-se umas com as outras, na descrição as camadas de tempo que passam de um plano para o outro, combinam-se e fundem-se umas com as outras. A cobertura épica oferece uma oportunidade para a investigação literária de todo o período e acções. A própria epopeia do conteúdo é constituída por diversas actividades temporais e revela-a em sínteses de diferentes formas temporais. A exigência dos géneros romance e epopeia, o princípio de construção literária das formas temporais como meio de expandir os limites do tempo e do espaço de um livro são compostos por um ou vários romances, incluindo diálogos, trilogias e epopeias que organizam a estrutura do complicado tempo poético.

O tempo nas obras épicas, por exemplo, o tempo de um romance e o tempo histórico são formas directas de descrição. Reflectem principalmente dois tipos de tempo épico no conteúdo do tempo histórico. O primeiro tipo é a luta e o destino do povo durante séculos, que reflecte a luta épica literária e o destino do povo representado, desenvolvido sob a forma de romances. Cobrem grandes e complicadas camadas do tempo histórico épico. O segundo tipo é uma obra épica que descreve um período histórico relativamente curto. Embora o período (tempo) abrangido seja limitado historicamente, mas neste tempo relativamente curto, todos os percursos do destino das personagens são literalizados. Assim, o tempo poético das obras épicas, embora a sua cobertura possua tempos diferentes e diversos, permanece como um tempo épico composto por diferentes camadas de formas sintetizadas de tempo literário de estilos, tipos e categorias complicados, a sua mistura dialética.

Independentemente do tipo de género literário a que a obra literária possa pertencer, ela baseia-se no seu tipo de tempo literário. Embora os tipos sejam firmemente "limitados" por formas e géneros, não podem ser limitados pelo círculo de apenas um tipo, como exigido pelas leis estéticas, que decorrem da essência da condicionalidade e da universalidade da poética do tempo literário. As peculiaridades do tipo de tempo lírico podem penetrar na estrutura dos restantes dois tipos de poética do tempo literário, e vice-versa, as especificidades dos tipos dramático e épico podem enriquecer a estrutura do tipo lírico (por exemplo, em obras líricas). Assim, torna-se claro que, embora os tipos de tempo literário sejam autónomos, são mutuamente interdependentes na dialética causal do tempo, enriquecem criativamente o conteúdo uns dos outros, que o tempo literário é concetualmente uma unidade inteira, que a sua estrutura interna é absolutamente condicional como a de todas as formas, categorias e estilos de tempo, que podem penetrar no conteúdo uns dos outros na poética universal de uma obra criativa baseada na intenção criativa do autor, e que é uma lei universal para o tempo poético épico.

1.3. Categorias do tempo literário.

É certo que a divisão da unidade de tempo literário universalmente inteira em determinadas categorias é absolutamente condicional. Uma vez que cada uma das categorias poéticas de tempo raramente aparece no contexto do tempo comum do enredo numa forma pura. A razão é que na estrutura de uma categoria de tempo separada podem existir também outras categorias. É por esta razão que no sistema do tempo literário não existe uma categoria condicional e abstrata num certo sentido, mas ao mesmo tempo um acontecimento estético claro, concreto, complicado e colorido como os das categorias do tempo literário. A clareza-concretude da categoria depende, em primeiro lugar, do tipo e género da obra literária, em segundo lugar, da teoria clássica tradicional da universalidade do enredo, composição, carácter e conflito de toda a poética comum, em terceiro lugar, da individualidade criativa do escritor ou poeta, do seu estilo literário. A condicionalidade e a abstração das categorias, em certo sentido, estão ligadas à condicionalidade do tempo literário. O limite das categorias em quantidade, mas a clareza e a concretude em qualidade, a sua eficácia literária emergente, a atratividade pelo significado e pela estética, a plurissignificação pelo conteúdo estrutural exigem a sua investigação baseada na universalidade e na individualidade, uma generalização da análise e da teoria. As categorias mais importantes do sistema, por exemplo, incluem crónicas tão diversas como o tempo do autor, o tempo do enredo, o tempo da composição, o tempo do conflito, o tempo da personagem, o tempo histórico, dramático, lírico, psicológico, biográfico, trágico, o tempo da solução, o tempo simbólico da poética literária. Tudo isto é fundamento suficiente para provar que a singularidade do tempo literário é apresentada por todo um sistema estético.

No sistema do tempo literário, a apresentação do tempo e do espaço - a crónica - tem um estatuto distinto. A quarta dimensão do tempo literário resulta do dialeto do tempo (tempo verbal) e do espaço. No entrelaçamento do espaço e do tempo, em primeiro lugar, o tempo não pode existir separadamente das mudanças materiais. Em segundo lugar, não existe nenhum sistema ou processo material que não se altere e continue do passado para o futuro. Em terceiro lugar, a unidade do espaço e do tempo desenvolve-se na ação. Em quarto lugar, nas características comuns do tempo, na relação do espaço e do movimento da substância, existem a duração, a assimetria, a não recorrência, a não circulação, a continuidade, a dependência das relações estruturais (Filosofia: Dicionário Enciclopédico. 2004. p. 235.). É por isso que, de acordo com a teoria da relatividade, das quatro dimensões, as três são aplicadas na geometria para examinar os acontecimentos físicos e o tempo é aceite como a quarta dimensão. Na ciência, chama-se-lhes continuidade quadridimensional, que também se aplica ao mundo literário. Isto significa que o tempo literário é um "quarto coordenador" do mundo literário.

O tempo literário, tal como o espaço literário, é um constituinte inseparável do mundo literário representado numa obra criativa. O espaço literário é dinamicamente ativo porque cria um ambiente de movimento, de desenvolvimento. O tempo literário é seguido por um espaço literário. Assim, o tempo e o espaço combinam-se em movimento, formando a continuidade espácio-temporal das personagens. Na literatura, este método de interpretação do tempo e do espaço literários é designado por cronotopo por M.M.Bakhtin, que é impulsionado a partir de Em grego, "chonos" - tempo + toros - espaço; para o dizer palavra por palavra, significa espaço - tempo (Bakhtin M.M. Problems of Dostoyevskiy's poetics, 1879. -P. 376.).

1.4. Métodos do tempo literário.

Tanto as formas e os tipos clássicos do tempo literário, como categorias individuais específicas, como os estilos e dispositivos literário-estéticos revelam-se numa harmonia generalizada. Certamente, esta descoberta depende, antes de mais, do tema e da conceção da obra literária, da intenção criativa do autor, das competências individuais e das especificidades dos seus estilos literários. A estreita ligação das categorias do tempo literário, antes de mais, com o tempo do enredo e da composição, proporciona uma revelação estética criativa da obra num sistema de tempo literário completo. A retrospeção (regresso do tempo ao passado), a prospeção (direção do tempo para o futuro), a inversão do tempo, o paralelismo do tempo, o contraste do tempo, o tempo estático, os tempos abertos e fechados, (tempo de solução) e outros pertencem aos estilos do tempo.

Tornou-se bem conhecido que a modelação do tempo literário do romance é um sistema inteiramente complicado, composto por várias camadas, harmonização, continuidade e sucessão de diferentes tipos e formas de chronos. A continuidade do tempo literário, a sucessão cronológica, a rutura desta sucessão, o movimento livre do tempo, o regresso ao passado (inversão do tempo), os fluxos retrospectivos e prospectivos, a mudança rápida ou lenta do ritmo, a sua deslocação para fora dos limites, a rutura literária dos fluxos naturais do tempo, a harmonia do tempo e do espaço, o cronotopo como modelo imaginário do mundo literário apresentam um novo paradigma teórico científico e um sistema complicado do tempo literário. O conteúdo completo do tempo literário é composto por todas as formas e estéticas da intenção criativa do autor, tipos, categorias e seus métodos específicos, ao mesmo tempo, a harmonia e o dialeto das suas relações. Toda a poética do tempo literário da ficção é formada por este sistema completo, sendo um sistema de **tempo universal tradicional** comum ao Chronos. Deste ponto de vista, é possível chamar ao tempo literário **"uma quintessência de chronoses"**.

CAPÍTULO 2

II. O CONCEITO DE TEMPO LITERÁRIO NA REFLEXÃO DOS CONHECIMENTOS E TRADIÇÕES SOBRE A NATUREZA E O UNIVERSO

A tese de doutoramento é dedicada ao aparecimento de corpos celestes e fenómenos naturais reflectidos no enredo de romances históricos. A presença de sinais inerentes aos mitos do calendário, bem como as especificidades do romance enquanto fenómeno literário sincrético, foram analisadas com base no tempo literário. Isto significa que "em tudo, desde a natureza ao comportamento e às ideias das pessoas (até às noções abstractas), é possível notar o tempo, ter a capacidade de ler o tempo ... ler as peculiaridades do tempo" (Bakhtin M.M., 1967. - R. 204-205) são consideradas características vitais da poética nas obras de qualquer escritor.

O tempo literário, enquanto ficção das obras literárias, liga as linhas do enredo com a ajuda das características peculiares da literatura, do seu sistema de personagens e de toda a estrutura poética. Na literatura, o tempo é um sistema de tempo generalizado através de diferentes variantes da arte das palavras e transferido criativo-estéticamente. Por outras palavras, o tempo literário como ferramenta de modelação literária é "o quarto coordenador" do mundo literário, e é a entidade da personagem literária e a entidade do sujeito descrito. Para compreender a natureza estética da arte das palavras, a noção de tempo desempenha um papel importante e é um fenómeno que ajuda a construir a composição da obra literária, a exprimir as características dos heróis e a conferir ao texto literário a autenticidade e a realidade do enredo.

Atualmente, com o desenvolvimento da ciência, os mitos que reflectem abordagens primitivas são considerados como a base da sistematização típica das estruturas de conhecimento sobre a natureza e o universo e a investigação em relação a um tema social humanitário. Começando com a literatura oral, esta tradição literária tem sido continuada também na literatura escrita. A literatura é o reflexo da vida real, por isso os acontecimentos ocorridos na vida não ilustram apenas o fator humano, mas todas as noções relativas à natureza e ao universo que o rodeia.

Criados desde que a humanidade começou a viver na Terra, têm tentado compreender a natureza e revelar os segredos do universo. As perspectivas primitivas sobre o universo e a natureza têm-se espalhado de boca em boca. Nos mitos, os nossos antepassados imaginavam que os corpos naturais do universo e da natureza tinham sido animados e tinham um estilo de vida como o dos seres humanos. YE.M.Meletinskiy tinha razão ao afirmar que "a literatura chega à mitologia através do folclore" (Meletinskiy, Yelezar. Folclore e pós-folclore: estrutura, topologia, semiótica. www.ruthenia.ru/ folklore/me Lewinsky).

2.1. Diferença entre o tempo astronómico e o tempo literário
Na obra literária, a medição do tempo

Existem várias diferenças entre as medidas do tempo literário e do tempo astronómico. O tempo pode ser prolongado ou espremido num período muito curto, pára e regressa ao passado. Estas relações podem ser misturadas ou podem mudar com a ajuda de diferentes estilos. Com base nisto, surge a noção de condicionalidade entre a forma real e a forma literária.

O tempo literário distingue-se do tempo astronómico pelas seguintes características

(1)   alterações na trama;

(2)   as características de um texto;

(3)   a imagem retrospetiva do tempo passado;

(4)   a descrição dos acontecimentos;

a existência de tempos em paralelo (Panasenko N. Interrelations between Literary Time and Space in Prosaic Texts: // http://www.pulib.sk/elpub2/FF/Ferencik).

A categoria de tempo e espaço tem sido investigada nos seguintes domínios:

(5) Em *filosofia:* Askin Y. "Prostranstvo, vremya, dvijeniye" - M., 1971; Ritm, prostranstvo i vremya v literature i iskusstve" - L., 1974, "Prostranstvo i vremya v iskusstve". - L., 1988), Zeman J. "Time in Science and Philosophy, an International Study of Some Current Problems". - P., 1971.

(6) *Na arte:* Ivanov, V. Kategoriya vremeni v iskusstve I culture XX veka, - L., 1974.

(7)   *Em sociologia, psicologia:* P. Fraisse The psychology of time. - Nova Iorque, 1963, Allan L. The perception of time. Perception & Psychophysics. - L., 1979.

(8)   Nas *ciências exactas:* Guy B. A dualidade do espaço e do tempo e a Teoria da Relatividade. Nova Energia, 2002; "A ligação entre os conceitos de espaço e de tempo e o significado da teoria da relatividade". - L, 2002.

(9)   Na *literatura:* V. Ivanov, R. Jacobson, D.Lixachev M.Baxtin, H.Meyergof, Z. Turaeva, além disso, na literatura uzbeque N. Shodiyev, B. Karimov, A.To'ychiev, U.Jo'raqulov, S.Mirzaeva, e M.Umarova.

Nas investigações de Z.Freyd, K.Yung, E.Fromm, surge, em primeiro lugar, a ideia segundo a qual o mito é a expressão da espiritualidade humana (Jabbor Eshonqul. O'zbek folklorida tush va uning badiiy talqini. http://kh- davron.uz/kutubxona/uzbek/jabbor-eshonqul-folklorda-tush-tabiri.html).

A mitologia surgiu no período em que os povos antigos não conseguiam explicar as razões do aparecimento da vida na Terra, da ocorrência de fenómenos naturais e não conseguiam indicar a sua posição no meio ambiente.

A imaginação mitológica ou as obras criativas mitológicas baseadas em noções teológicas são únicas pelas abordagens comuns à criação do mundo, à ilimitação do espaço e do tempo, às suas características permanentes e eternas. Houve discussões relacionadas com os problemas da eternidade do mundo, da sua limitação e ilimitação no tempo e no espaço, que foram expressas, em primeiro lugar, nas lendas e nos textos religiosos e, mais tarde, na filosofia e na literatura.

O que dá uma prova perfeita da existência do mito no tempo e no espaço é o facto de as características da relação no universo mitológico e a visão da limitação poderem ser vistas na imaginação e no sentido dos "povos antigos que não se sentiam separados da natureza" (Jo'rayev Mamatqul, Narziqulova Manzura. Mif, folklor va adabiyot. 2006. - B 181.).

O tempo mitológico surge da junção não diferenciada dos povos antigos com a natureza e o universo. Assim, podemos distinguir as seguintes características do tempo mitológico:

(10)   A relação com a natureza e até a obediência nos fenómenos naturais;

(11)   O aparecimento de ideias comuns sobre as variedades do tempo, as suas características alargadas e comprimidas com base em categorias de comum e de especialidade;

(12)   Existência externa do tempo: a falta de importância dos movimentos das acções de onde para onde no mapa do mundo mitológico;

(13)   A existência do centro cósmico em todos os objectos;

(14)   No interior do cosmos conectado, caraterística interdisciplinar dos objectos e acontecimentos, ou seja, a existência de características comuns na especialidade ou vice-versa;

(15)   A singularidade das razões e dos resultados no fluxo do tempo;

(16)   A interpretação de uma pessoa como parte do todo, ou seja, a desaprovação de uma pessoa em viver sozinha à parte do grupo;

O reconhecimento da época como o auge literário (Losev, Aleksey. Antichnaya filosofiya istorii. Mifologicheskoye vremya i mifologicheskiy istorizm. http://www.sno.pro1.ru/lib/losev/3.htm).

A mitologia, reconhecida como a importante etapa inicial do desenvolvimento espiritual da humanidade, foi o núcleo da cultura primitiva, o principal instrumento de conhecimento do mundo, o início do pensamento literário. A mitologia baseia-se em contos sobre o aparecimento do universo, a natureza, os corpos do universo, as coisas e os acontecimentos.

Explorou-se que a humanidade, a flora, a fauna, a gravitação geológica e a estrutura da Terra, as estrelas, em geral, todos os seres do espaço estão sempre em processo e mudança (Lixachev D., 1979. - P. 79). Cada mudança e movimento no universo e na natureza é a base da noção de emergência do tempo. A coisa mais preciosa é o tempo na natureza. Se o sol nasce, se põe, se a luz se transforma em escuridão, se as árvores, as plantas florescem e os frutos amadurecem, se o verão, o outono, o inverno, a primavera mudam sucessivamente, em suma, se a natureza inicia o seu movimento, surgem ideias sobre o tempo na mente das pessoas. "O tempo caracteriza a continuidade das situações no mundo material como o estilo de vida da materialidade.

Objetivamente, todas as situações que aconteceram uma a uma, que acontecem agora e que acontecerão no futuro baseiam-se na eternidade contínua do mundo e no seu desenvolvimento" (Shodiev N., 1986. - P. 32).

Os cientistas e escritores estão a investigar o problema do tempo como uma categoria literária separada de uma obra literária. O tempo literário na obra é sentido com a ajuda da relação associativa dos seus eventos.

O tempo literário descrito na obra literária não é apenas o pressuposto de acordo com os calendários, mas é a coordenação e a continuidade dos acontecimentos que se sucedem. "O tempo literário como categoria principal do texto significa as noções de período, hora e data que têm uma continuidade complicada com uma relação estreita com a composição interna da obra. Sendo um processo literário, o tempo literário difere seriamente do tempo astronómico, e não é medido com as medidas de tempo como um ano, um mês, um dia e outros" (Umarova M., 2013. - P. 7). O tempo literário difere do astronómico de acordo com as suas características peculiares específicas. De seguida, damos um exemplo destas diferenças, apresentando duas figuras:

2.2.   Expressão do conhecimento universal e natural através do tempo literário

Fig.1. Medições do tempo astronómico

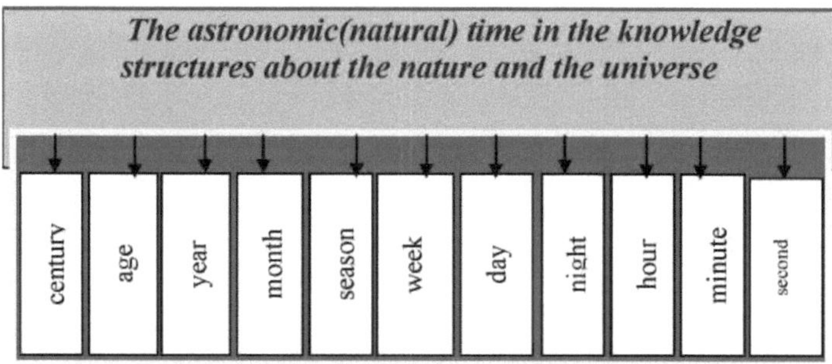

Fig.2. O conceito de tempo nas obras literárias

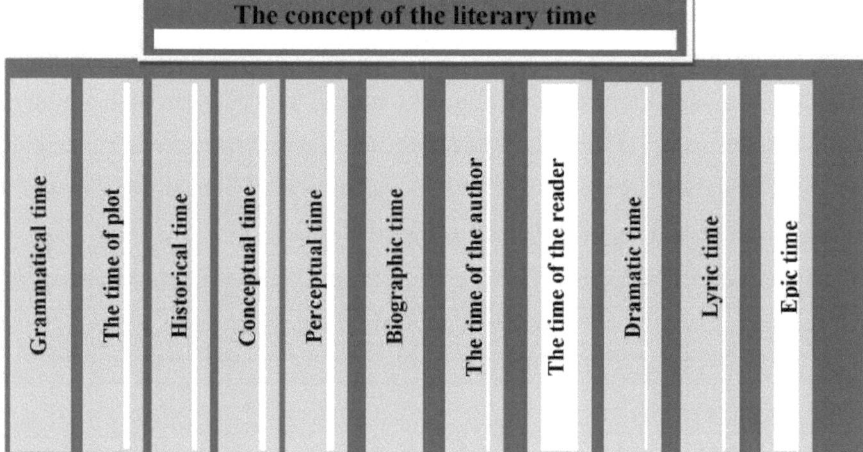

(1) O tempo gramatical é considerado na ficção como uma das formas de expressão do tempo literário. As formas dos tempos verbais são expressas através de modificadores temporais como os adjectivos de espaço e tempo e os advérbios de tempo. Também é expresso com a ajuda de sinais cronológicos que formam um tempo específico no espaço.

(2) O tempo do enredo destaca-se com o seu difícil traço gerador no tempo literário. É o tempo do enredo que engloba todas as outras formas, tipos, categorias e modos de expressão do tempo literário na sua difícil estrutura. A caraterística universal do tempo do enredo reside nesta caraterística.

(3) O tempo do enredo pode ser dividido em um, dois e até mais linear (em grandes epopeias, poemas épicos e em epos) com base nas peculiaridades dos tipos e géneros da

literatura. Grande parte da estrutura de componentes do enredo define a sua estrutura difícil. Isto afectaria o carácter, a estrutura e, respetivamente, o tempo literário da obra literária. Assim, o tempo do enredo é aquele que revela o tempo de toda a obra literária.

(4) O tempo histórico é uma das categorias tradicionais do tempo literário. É um dos tipos de tempo literário que existe em todas as obras literárias: obras líricas, dramáticas, folclóricas, mitológicas, ficcionais e outras e é considerado como o princípio principal do tempo literário. Por esta razão, o tempo histórico é considerado, na maioria dos casos, como a base do tempo literário principal.

(5) O tempo concetual é aquele que está relacionado com a forma como a personagem principal percepciona o mundo. O tempo real apresentado na obra é considerado como tempo percetivo.

(6) O tempo percetivo é um aspeto fundamental da forma como os seres humanos (e provavelmente também os animais) percepcionam o mundo. Está subjacente à inteligência geral, especialmente quando essa inteligência geral tem a ver com a interação com o mundo numa base quotidiana.

(7) O tempo biográfico é considerado como aquele que está ligado à biografia da(s) personagem(ns) principal(is). O tempo do romance, em particular, pode aparecer sinteticamente através dos sentimentos do autor do romance. (Os sentimentos de Mirza Ulugbek foram sinteticamente restaurados por O. Yokubov).

(8) O tempo do autor é a noção de tempo do autor que é bastante complicada. Com base no conceito estético-criativo, o autor cria o seu próprio mundo de tempo literário. O tempo literário é considerado como o tempo subjetivo do autor. Por outras palavras, o tempo do autor, como os ditames do tempo criado pelo autor, adquire universalidade devido ao seu significado ideológico e estético e é a quintessência de todas as formas, tipos, categorias e métodos do tempo artístico.

(9) O tempo do leitor é o tempo que, em certa medida, não está ligado ao tempo literário, uma vez que, normalmente, passa algum tempo entre o tempo da história escrita e o tempo do leitor. Se a personagem principal é histórica, ou mesmo uma pessoa histórica famosa (como Spitamen, Temur Malik), ou um rei (Mirza Ulugbek, Babur, Humayun, Akbar), então nem o autor da obra literária nem a personagem principal podem ser independentes na escolha do tempo. O tempo real das pessoas históricas reais situa-se

geralmente no sistema e no círculo de uma época específica. As pessoas famosas como Ulugbek, Bobur, Spitamen, Temur Malik tornam-se imortais nas obras literárias "saindo" do tempo em que viveram.

(10)O tempo lírico é o tempo em que a personagem lírica exprime o seu amor ou as suas emoções. Normalmente, não se sente o facto de a vida de um ser humano ser curta ou não eterna. É o tempo que pode ser considerado curto, pois as emoções são expressas em momentos.

(11)	O tempo épico permite-nos cobrir toda a época em que algo acontece ou a vida de alguém. Com base nos princípios dos géneros dos romances e das epopeias, ou no facto de os romances serem dilógicos, trilógicos e tetralógicos.

(12)	O tempo dramático é aquele que não significa apenas o tempo das obras dramáticas, mas também pode ser considerado como um tipo de tempo literário. Uma das peculiaridades do tempo dramático é o facto de mostrar a sequência e a continuidade do tempo literário.

Dentro da obra literária, o espaço e o tempo, onde os eventos acontecem, os personagens se encontram e se separam, são construídos em uma linha literária, estrutura imanente pelos escritores realmente criativos. Este é o problema que indica o nível de criatividade, estilo, engenho do escritor e a sua forma de construir o movimento na obra (Karimov B., 2014. - P. 23).

Nos enredos dos romances históricos escritos nos anos 70-80 do século XX, os conhecimentos e as tradições sobre a natureza e o universo serviram para o trabalho literário-estético, a fim de transferir a realidade histórica para as obras literárias. Os fenómenos naturais, os segredos do universo desempenham um papel muito importante na expressão do tempo literário na obra.

Uma pessoa vive num espaço e num tempo adequados. Moldar uma personagem na obra, exprimir a sua alma e a sua natureza dá uma oportunidade de adquirir conhecimentos sobre a cultura no tempo e no espaço imaginativos, o comportamento e as tradições. Natureza e universo são termos científicos relacionados com a astronomia, mas numa obra literária, a personagem de uma pessoa tem a sua própria esfera de universo e natureza. "De acordo com a interpretação religiosa e mitológica, a pessoa é o resultado da ideia do cosmos ou de uma parte mínima deste fenómeno (microcosmo)" (Jurakulov U., 2011. -

P.513).

Na esfera do universo e da natureza de uma pessoa, investigamos os requisitos do tempo histórico e literário, absorvendo as estruturas de conhecimento no enredo da obra e criando o seu modelo literário através dos romances históricos.

Na estrutura profunda do romance "O Tesouro de Ulughbek", de Odil Yokubov, pode ver-se o motivo da antecipação dos acontecimentos futuros, de acordo com as posições dos astros no espaço, com a ajuda do "zoyicha" (horóscopo), que era utilizado como instrumento astronómico e com a ajuda do qual os astrólogos (adivinhos, de acordo com as posições dos astros) faziam previsões sobre o futuro. "No ano em que Amir Temur nasceu sob a sua estrela da sorte, este ano o juiz do céu esperava que as estrelas de Mercúrio e Vénus se aproximassem uma da outra. O rei inquieto tinha algumas esperanças em relação a isso e inspirou-se nessas esperanças, esperando algo" (Yokubov O., 2013. -P. 5-6.). As investigações astronómicas mostram que Zuhal e Mushtariy (são os nomes das estrelas) se aproximam uma da outra em cada oitocentos anos. Isto aconteceu três vezes nos últimos dois mil anos, no primeiro caso - Alexandre o Grande, no segundo - o Profeta Muhammad (sav), no terceiro - o nascimento de Amir Temur.

Lusen Keren, famoso historiador francês, cujo dossier de investigação foi dedicado à vida e à história de Amir Temur, apontou outra razão para a tragédia. "Qual foi a razão da discussão entre Ulughbek e o seu filho mais velho? - Ao fazer esta pergunta, o autor baseia-se nas obras "Zafar Nama", de Ali Yazdiy, e "Matlai sa'dayn va majmai Bahrain", escrita por Abdurazzok Samarkand em 1471. Em ambas as obras, a razão deste argumento é descrita como um acontecimento de acordo com a astrologia. A previsão da fortuna de Ulughbek foi investigada pelos astrólogos oficiais e verificada por ele próprio. Isto mostrou que, de acordo com a previsão (horóscopo), a data do seu aniversário era o signo Leão do Zodíaco, na parte da cauda do Dragão, o que constituía um simples sinal de perigo iminente. Esta ideia é clarificada por Abdurazzok Samarkand, ou seja, a discussão entre Ulughbek e o seu filho surge a partir das suas fortunas. A estrela da sorte de Ulughbek estava na parte da cauda do Dragão, exprimindo o azar e o perigo, enquanto a do seu filho, Abdulatif, estava na parte da cabeça do Dragão, que exprime a força e a vitória. Para Ulughbek, a quarta parte da sua tabela de estrelas era a Astrologia, que era uma ciência autónoma. Ele acreditava na sua tabela de antecipação (horóscopo) que foi reformulada por ele. De acordo com a previsão, ele tinha medo do seu filho. Por isso, Abdulatif foi afastado de Ulughbek, o que fez com que o filho perdesse a oportunidade de obter o trono depois do pai. Em suma, o infeliz Ulughbek fez com que o seu filho o odiasse, talvez por isso tenha cometido um erro na sua fortuna" (Keren L., 2009. - P. 2), - escreveu o autor a terminar o seu pensamento.

No enredo do romance, o motivo de antecipar a sorte de acordo com as posições dos astros pode ser visto no episódio em que Abdulatif, sofrendo moralmente, pede a Ali Kushchi uma nova antecipação do seu próprio destino e do destino do império com a ajuda do horóscopo:

- Eu tinha a certeza de que não tinha nada a ver com o conhecimento das estrelas...

- Não! Não! - O príncipe assustou-se e afastou-se. - Para um cientista como tu, não é possível dizer isso!

- Receio que sim...

- - Não! Vós sabeis! Sabes tudo sobre a minha fortuna e a do reino, mas não me queres contar! (Yokubov O., 2013. -P. 5-6.)

No romance "Starry Nights Babur" (Noites estreladas de Babur), de Pirimkul Kodirov, sublinhava-se que, antes de iniciar qualquer atividade militar, era vital antecipar o futuro de acordo com as estrelas, com a ajuda do horóscopo. Nessa altura, todos os planos militares eram organizados de acordo com as previsões dos astrólogos. Sheybani Khan enviou uma carta ao seu agente secreto no castelo de Babur, que ocupava o cargo de astrólogo, e pediu-lhe que obrigasse Babur a iniciar a guerra. "Encontrando a solução para iniciar a batalha mais cedo, a pessoa que vivia no castelo de Babur como astrólogo recebeu uma carta. "Que ele convença Babur a iniciar a guerra, contando mentiras sobre as posições dos astros! Se ele recusar, diga-lhe que abrirei o seu segredo e ele será morto!", avisou o astrólogo" (Kodirov

P. Starry Nights Babur, 2014. - P. 133). O astrólogo explicou as posições das estrelas a Zahiriddin Muhammad Babur de forma complicada, dizendo: "Agora, as oito estrelas estão colocadas à direita para ti, - disse. - Mais dois dias e estas oito estrelas passarão para o lado do teu inimigo. Se começares a guerra amanhã ou depois de amanhã, de acordo com todo o universo, vencerás" (Kodirov P. Starry Nights Babur, 2014. - P. 134). Rano Sangram, com todos os seus Rajput, roa e ranos (guerreiros), iniciou secretamente a guerra contra o exército de Babur, com seis vezes mais guerreiros. Nessa altura, um astrólogo chamado Muhammad Sharif espalhou os rumores dizendo: "Mirrix (nome da estrela) está a oeste, as estrelas do céu estão a avisar do nosso fracasso" (Kodirov P. Starry Nights Babur, 2014. - P. 289). No entanto, a antecipação dos acontecimentos estava errada e Babur ganhou esta guerra.

No romance, o autor faz a descrição da paisagem de acordo com os sentimentos da personagem: "A lua de oito dias estava no céu, a sua luz reflectia-se como um caminho iluminado no meio do lago oposto. Do outro lado do lago até aos vales das grandes montanhas, o caminho iluminado brilhava na água. Mas Xondamir G'iyosiddin Muhammad Ibn Xoja Humomuddin conseguia ver os reflexos dos acontecimentos descritos por Babur mesmo nesta beleza, e não conseguia parar de pensar neles" (Kodirov P. Starry Nights Babur, 2014. - P. 292).

Os sentimentos de Babur - que sofria de saudades da pátria, ou seja, o tempo psicológico do romance - são expressos com sucesso pelo escritor com a ajuda de episódios relacionados com as estrelas: Sim, as estrelas estavam agora imóveis e brilhavam silenciosamente nas profundezas do céu negro como ardósia. Babur encontrou Sete Irmãos, ainda o Eixo de Ouro, e no leste - uma alegre multidão da constelação de Hulkar.

- Olha para lá, em Kuva Hulkar, que se ergueu tal como aqui.

Os pensamentos de Babur levaram-no a Andijan. Levaram-no à sua infância.

O rapaz Zahiriddin ouviu uma vez que Hulkar era uma serpente de diamantes que se elevava cada vez mais alto com os ventos do céu, e que agitava alegremente a sua cauda de diamantes, mas não podia voar muito longe porque estava presa ao Eixo Dourado com um fio invisível. Esta cauda para crianças voltou a fazer-lhe vibrar o coração. E o seu último consolo foi o facto de o céu e as estrelas em Agra permanecerem iguais ao que eram muito tempo antes, no início da sua vida, em Andijan (Kodirov P. Starry Nights Babur., 2014. - P. 418).

No romance "Humayun e Akbar", de acordo com as regras de "Qonuni Humayuniy", existe um significado simbólico da divisão do céu, da terra e das coisas entre eles na criação natural pelo povo sob o controlo de Humayun. Ele queria utilizar a ordem e a clareza, o equilíbrio e a estabilidade da natureza para a vida social e, tal como o seu bisavô, Amir Temur, distinguiu doze graus/camadas do povo, de acordo com as doze tendências básicas de Temur: - Majestade, estou farto de coisas artificiais e de desordem no nosso país e é por isso que escolhi a forma natural de governar o país. Até Amir Temur concordou com a sugestão sobre a igualdade no céu e na terra. E as leis do nosso avô chamavam-se "Tuzuks". E o sentido desses tuzuks também chegou até nós. O último Hondamir ajudou-me a estudar a história muito de perto. Acontece que Amir Temur gostava da estrela chamada sobita entre as doze estrelas. Acontece que essas doze estrelas permanecem nos seus lugares com firmeza e confiança, pois todos os anos o sol passa por elas à hora exacta. E essa hora não acontece nem mais cedo nem mais tarde. Estou correto?

- Tem razão!

- Ou será que isso é errado?

- Não, é isso mesmo!

É por isso que, tendo em conta todas estas coisas, o nosso avô Amir Temur gostava muito destas doze estrelas. Por isso, ele dividiu todas as pessoas sob o seu domínio em doze níveis. E, desta forma, quis propagar a ordem e a clareza da natureza também à sua sociedade! (Kodirov P. Humoyun e Akbar. 2014. - P. 26)

Como era difícil governar estas doze camadas, ele estabeleceu quatro ministérios por três camadas cada. Descreveu-os como os quatro ingredientes principais da natureza, nomeadamente a água, o fogo, o solo e o ar, pelo que, simbolicamente, eram tão importantes como os quatro mencionados. E chamou ao chefe da primeira esfera "Sarkori otash". E era responsável por todas as armas e assuntos militares do governo. O segundo chamava-se "Sarkori havoyi", que era um vizir, responsável pelo abastecimento do palácio, cozinha, estábulo e vestuário. O "Sarkori obi" era responsável pelos aryks e pelos assuntos de rega. E preparava sumos e vinhos. O "Sarkori hoki" (que significa o chefe da terra) era responsável pelas colheitas, pelos camponeses e pela construção.

De acordo com a ordem de Humoyun, aqueles quatro chefes de esferas deviam vestir-se de forma diferente uns dos outros, desde que se pudesse perceber sem qualquer dificuldade a que esfera pertenciam. E ele próprio tentava vestir-se com as roupas de acordo com a cor de um planeta no céu ou de acordo com o trabalho que ia fazer nesse dia. Por exemplo, às segundas-feiras vestia roupas azuis e verdes como a cor de Vénus. Às terças-feiras, vestia-se com roupas avermelhadas como Mercúrio e, nesse dia, o diretor da prisão trazia-lhe os prisioneiros com os crimes mais graves e ordenava-lhe que executasse os mais perigosos. (Kodirov P. Humoyun e Akbar. 2014. - P. 27) No sistema de governação dos reis, para estabelecer ligações comerciais com os países longínquos e manter boas relações com eles, eram necessários mapas dos astros. Por isso, Humoyun pediu ao general turco Seydi Ali Rais a criação dos mapas das estrelas:

- Suponho que, sendo um emir do conhecimento do universo, conhece muito bem o mapa das estrelas?

- Sim, Majestade! Conheço-o desde a minha infância. De facto, os meus antepassados também eram os buscadores de estrelas.

- Ótimo. Nesse caso, poderia ajudar-nos a organizar o conjunto de instruções relacionadas com "O Ciclo das Estrelas", bem como um mapa astrológico?

- Sim, claro, vossa majestade! (Kodirov P. Humoyun e Akbar. 2014. - P. 161).

O motivo de chegar ao destino com grande facilidade, seguindo as posições das estrelas, pode ser visto em todos os enredos das obras épicas. Nos romances históricos, descreve-se que os viajantes conseguem encontrar o caminho para o destino identificando as posições das estrelas e, se se perdem, utilizam o mesmo método. Este tipo de motivos pode ser encontrado nos romances históricos.

- Para onde é que vamos com tanta escuridão, minha majestade? Não temos isqueiros e não conseguimos ver o caminho na noite escura.

- De facto, existem as estrelas no céu. Este é o Prego Dourado. Está na altura de irmos para o sul. Para Umarqut! (Kodirov P. Humoyun e Akbar. 2014. - P. 77).

É possível absorver isto no romance "Spitamen" de Maksud Koriyev: "A noite. Por todo o lado está escuro. Na galáxia, como se muitos dos diamantes e jóias estivessem espalhados. No entanto, estas jóias brilham desde que o Planeta foi criado. Ninguém conseguiu tirar uma delas. Atravessando os desertos mortos, os viajantes podem encontrar e indicar o seu destino com a ajuda destas estrelas brilhantes" (Koriyev M., 1985. - P. 127).

Nos enredos dos romances históricos, os motivos estão relacionados não só com os corpos do universo, mas também com os quatro ingredientes da natureza, incluindo o fogo, a água, o solo e o ar. Isto dá uma visão real dos acontecimentos do enredo. Está intimamente relacionado com o processo de considerar estes quatro ingredientes como sagrados e de os tornar sagrados pelos nossos antepassados.

Akbar também o pronunciou em indiano: - Eu, com a grande responsabilidade perante o fogo sagrado, o céu e a Terra, aceito a filha da Índia, chamada Jodha Bai, como esposa! (Kodirov P. Humoyun e Akbar. 2014. - P. 215).

No romance "Mundo Antigo", de Odil Yokubov, conta-se a história de um veado que dá sorte a Amir Sabuktegin, pai de Mahmud G'aznaviy. Depois de ter perdido a guerra, o Amir saiu do castelo de Gardiz e, ao atravessar um vasto campo, viu uma mãe corça com a sua cria. Demonstrando a sua simpatia, o emir tratou de apanhar o veado vivo. No entanto, a corça não deixou que a apanhassem, enquanto a cria se cansou de correr. Quando saía do campo, levando a cria no cavalo, ouviu a voz da mãe corça como se estivesse a chorar. Parou e tentou várias vezes apanhar a mãe corça, mas não conseguiu. No final, deixou o cervo ir e regressou ao seu caminho sem qualquer dano: "Assim, toda a infelicidade foi varrida da sua alma e ele viveu uma vida feliz para sempre". (Yokubov O. Mundo Antigo, 2004. - P. 109). A história do canário também faz parte do romance, uma vez que, para encontrar uma cura para a doença de Mahmud G'aznaviy, a irmã do sultão, Xatlibegim, perguntando pela árvore chamada "ne'mati ilohiy" (árvore sagrada), foi a Beruniy, o sultão convocou todos os sábios para a reunião, mas não obteve qualquer resultado: "Aqueles que provaram o fruto desta árvore, não sentem nenhum mal de qualquer doença para sempre. Se fores um homem velho, tornar-te-ás jovem, se fores uma mulher velha, serás uma jovem e bela senhora. Janob Unsuriy devia ler esta informação com os seus próprios olhos!" (Yokubov O. Mundo Antigo , 2004 - P. 29). O autor conseguiu absorver com êxito o enredo do conto no conteúdo do romance. Os seres humanos tentam sempre encontrar alguma motivação na natureza quando se sentem deprimidos. A "Ne'mati ilohiy" (árvore sagrada) é também um produto da mente.

"De acordo com os médicos, astronautas, biólogos e filósofos da atualidade, o ambiente é um sistema vivo e orientado em ação. Os elementos deste sistema formam uma estrutura completa e, entre estes elementos, existe uma relação permanente" (Navin H. 2008-2009. - P. 65). A unidade e as relações da natureza, do universo e da humanidade formam o sistema unido em movimento. Se a natureza e o universo influenciam a pessoa externamente, o mundo interior de uma pessoa cria a sua própria aura. Uma pessoa nasce num lugar e tempo próprios, vive e morre. O autor retrabalha o reflexo da vida real na sua obra com a ajuda do tempo literário. O tempo astronómico perde as suas características. O autor é capaz de olhar para o passado ou para o futuro a partir do seu tempo.

Nos enredos dos romances históricos escritos nos anos 70-80 do século XX, as estruturas de conhecimento sobre a natureza e o universo são expressas da seguinte forma:

(1)   Florescimento das árvores, frutos maduros e queda das folhas;

(2)   Algumas flores abrem-se de manhã e fecham-se à noite;

(3)   Fluxo de água ruidoso ou silencioso;

(4)   O nascer e o pôr do sol;

(5)   O céu cheio de estrelas ou com poucas delas;

(6)   O tempo chuvoso e com neve, o sopro do vento;

(7)   A chegada das aves ou a sua partida para locais quentes.

Em conclusão, nos enredos dos romances históricos, revelar as estruturas de conhecimento sobre a natureza e o universo, que são expressas com a ajuda do tempo literário, é considerado uma das investigações mais importantes no domínio da literatura moderna.

III. AS CATEGORIAS QUINTESSENCIAIS[1] DO TEMPO DO AUTOR E DO TEMPO LITERÁRIO

O tempo do autor é uma noção bastante complicada. Com base na sua conceção estético-criativa, o autor cria o seu próprio mundo literário, ou seja, o mundo de um tempo literário. Por isso, o tempo do autor é sempre um tempo subjetivo com a sua natureza estética interior dentro de um tempo literário objetivo. O tempo literário da história é de carácter condicional, uma vez que a reflexão do mundo é sempre, em certa medida, condicional.

A categoria de tempo literário existe num processo dinâmico. O tempo do autor deve ser investigado, desenvolvido e completado por uma variedade de tipos e funções de um tempo literário como uma categoria independente, bem como em combinação com um espaço literário. Por outras palavras, o tempo do autor é representado como um todo quintessencial de formas, tipos e métodos de um tempo literário.

Devido a uma conceção estético-criativa pessoal, os autores criam o seu mundo literário, ou seja, o mundo do tempo literário. "O tempo do autor permite aos leitores compreender as regras ocultas do processo criativo e observar o desenvolvimento do objetivo ideológico-estético fase a fase" (Shodiyev N. 1986. - p.134.). Uma vez que o tempo do autor é um fenómeno da psicologia criativa, é também um tempo subjetivo.

Sendo o iniciador e o criador do tempo literário, o autor "no seu tempo move-se livremente: não interrompendo a sequência do tempo, pode começar a narrar a partir de qualquer parte da história6 , ou seja, do princípio, do meio ou do fim" (Baxtin M. M. Literaturno-kriticheskiye stati, 1986. - s. 287.)

Quando o tempo do autor é superior, exprime o sistema único do tempo literário e o seu plano de conteúdo efetivo em conformidade com o contexto ideológico-estético. O tempo do autor é a quintessência de todos os tipos, camadas, formas e estilos do tempo literário porque o tempo literário e também a sua estrutura são todos considerados como criações literárias do tempo do autor na quintessência única. Abordando a questão através da conceptualidade, todas as obras literárias, desde a intenção literária do autor até à sua criação numa tendência literária especial e desde o tema até às unidades mais pequenas, dando um nome próprio à obra literária, baseiam-se no tempo do autor, além disso, é o mundo literário-estético unido

---

[1] Quintessência - (lot. *quinta essentia* - essência, facto, ponto, significado, coluna vertebral, espinha dorsal)

do tempo literário sintetizado. Especialmente, no tempo do autor, a "natureza" individual da psicologia do criador tornar-se-á mais clara, a sua poética de uma forma esteticamente colorida e com precisão literária, bem como as suas competências, são representadas num novo estilo. É por isso que o tempo do autor tem um valor estético do ponto de vista das ideias mencionadas.

O tempo do autor pode ser percebido em diferentes géneros, diferentes formas e conteúdos. Nas histórias narradas na primeira pessoa do singular (sobretudo nas pequenas obras épicas), a unidade entre o narrador e o autor faz com que os desafios sejam distinguir entre o tempo do autor e o tempo do narrador. No tempo dos romances históricos épicos, os acontecimentos são narrados na terceira pessoa; de facto, este tipo de narração muda as suas cenas épicas gerais da época, bem como a poética do tempo do autor, tanto semântica como pessoalmente.

Yan Parandovskiy afirmou: "Os autores que escrevem sobre temas históricos possuem uma capacidade maravilhosa, ou seja, apresentam as suas personagens como pessoas históricas reais na sociedade e os leitores acreditam piamente que os acontecimentos organizados pelo autor estão intimamente relacionados com essas personagens históricas fictícias provenientes do mundo imaginativo do autor. No entanto, as pessoas históricas reais existentes são alteradas de forma selvagem e não podem ser reconhecidas de todo devido à criatividade do escritor e, nalguns casos, ficam armazenadas na mente dos leitores tal como estão" (Parandovskiy Y., 2010. - 390 P.).

A sua evidência criativa pode ser vista mais precisamente nas grandes obras épicas. Por exemplo, as características épicas de género da trilogia "YulduzliTunlar" ("Noites de Estrela") e "Avlodlar Dovoni" ("Passagem de Geração") de P. Kodirov não são ilustradas com a ajuda das personagens ou das suas cronologias, mas só podem ser indicadas devido ao tempo do autor. "Noites de Estrela" a Babur, "Passagem de Geração" foi dedicado a Khumoyun e Akbar (os nomes secundários dos romances têm o nome das personagens, o que também constitui outro problema científico). Isto significa que, nos três romances, as personagens principais, de acordo com o período histórico e a época, são diferentes. As personagens principais são descritas na árvore genealógica, como pai e filho, avô e neto, e não há quaisquer acontecimentos sem limites, uma vez que pertencem ao seu próprio tempo. Pelo contrário, existe uma situação contínua e ininterrupta, etapa por etapa. O tempo do enredo épico e o tempo dos acontecimentos históricos nele contidos são diferentes um do outro, no entanto, o autor é o mesmo. O tempo do autor é apenas a base da unidade dos tempos épicos históricos objectivos e da unidade dos três romances como trilogia.

No sistema do tempo dos romances históricos da nossa análise, a prioridade da universalidade criativo-estética do tempo do autor pode ser revelada das seguintes formas:

1. O tempo do autor na estrutura do enredo épico independente multidimensional (tempo do "coautor");

2. O tempo do autor, incluindo os tempos do prólogo e do epílogo;

3. O tempo da psicologia criativa do autor;

4. Categorias separadas do tempo do autor e do tempo literário;

5. O tempo do autor para além do romance.

3.1. O tempo do autor na estrutura do enredo épico independente multidimensional (tempo do "coautor").

O tempo do autor é semanticamente uma parte do tempo do enredo; muda de acordo com a interação do autor com os acontecimentos históricos. Em primeiro lugar, tendo as suas linhas de enredo na hierarquia épica geral do tempo, o tempo do autor pode mover-se de forma inconstante. Em segundo lugar, não se desloca e mantém-se estável.

O tempo do enredo e o tempo do autor podem diferir significativamente um do outro. Isto acontece porque os movimentos do autor não seguem a proporção da história ou da narração. Pode haver uma séria separação entre o tempo narrativo do enredo e o tempo do autor. Neste caso, a personagem literária (por vezes, a interação do narrador fictício) pode ser escrita com a ajuda de documentos históricos e outros. O tempo do autor, normalmente, está fora do tempo geral do enredo épico, e não tem nada a ver com o tempo do enredo em si. Pode ser notado especialmente no prólogo, epílogo, retrato, descrição da natureza e retiro literário. Está muito mais próximo do tempo das personagens, ao passo que tem apenas uma interação indireta com o tempo dos acontecimentos.

No tempo do enredo, o narrador, ou seja, o coautor ou uma das personagens, pode interagir com os acontecimentos da história de forma paralela ao tempo do autor. O tempo fúnebre de Mulla (Santo) Fazliddin e Tokhir em "Noites estreladas", Ali Kushchi e Kalandar Karnokiy em "Tesouros de Ulughbek" (a segunda parte do romance consiste quase nas conversas fúnebres dos académicos literários), Djaloliddin Manguberdi em "Temur Malik" pode ser representado semanticamente no estatuto do tempo do autor.

Nos romances escritos com base em documentos históricos e outros, o enredo épico pode ser representado com a realidade da história. Até que o processo de representatividade ocorra na memória do autor, o seu tempo adquire o estatuto de tempo do autor. "O carácter do autor é a unidade suprema das unidades de discurso

que se relacionam com toda a escala da obra literária. Estas personagens unificadoras e narradoras são os centros estilísticos ideológicos criados pelo autor. O narrador é uma ponte entre o autor e a realidade literária" (Tuychiyev U., 2011. - P. 237.).

Na trilogia de P. Kodirov (especialmente, "Noites estreladas"), "Mundo antigo" e "Tesouros de Ulughbek" de O. Yokubov, além disso, "Sarbadorlar" (Pessoas prontas para serem mortas) de M. Ali, "Temur Malik" de Mirmuhsin, o tempo do autor pode ser facilmente notado. Mesmo, especialmente, no romance "Temur Malik", os documentos históricos, os factos e os eventos são apresentados mencionando diretamente a informação de origem, e são observados pelo autor não só literária mas também cientificamente. O autor estudou e investigou "Razvat us-Safo" (O Jardim Puro) de Mirkhond, "Sirat as Sulton Jaloliddin Menkrubni" (O Retrato do Príncipe Jaloliddin) de an-Nasafi, "Tazkiratush- Shuaro" (A Descrição dos Poetas) de Davlatshoh Samarkandi para escrever o romance "Temur Malik". Como resultado, o tempo do autor foi "transferido" para o tempo dos acontecimentos reais e das pessoas reais, e será misturado com o tempo das referências. Para o tempo do autor no romance "Temur Malik", em primeiro lugar, o próprio autor (o final do romance inclui o tempo do ponto de vista do autor), em segundo lugar, a informação histórica, os acontecimentos, os factos e os dados científicos, bem como os topónimos dos lugares desempenham o papel de coautoria (Mirmukhsin, 1991. - P. 346). Estes tipos de análise do tempo presente do autor e do tempo passado histórico podem ser como a "prancha" para a "travessia" épica unida do mar do "tempo". Os escritores que se reclinam sobre estas análises juntamente com o autor tornaram-se co-autores. E estes "co-autores", com o seu tempo literário histórico, tornaram-se simbolicamente o tempo do autor. A base da nossa confirmação é que nos romances históricos o autor se dirige ao tempo passado a partir do seu tempo presente, descrevendo os acontecimentos históricos e as pessoas reais históricas de acordo com as suas almas. O autor "desloca-se" para o passado, vive e respira de forma paralela à vida e à alma das personagens.

Na nossa análise, não existe um tempo de autor com as suas linhas de enredo independentes. Qualquer tipo de obra histórica é uma criação literária individual de um autor, como sua fonte estético-ideológica, o tempo literário é, antes de mais, propriedade do autor, e o tempo do autor. Existem obras épicas tão grandes que a sua mistura complicada serve para o conceito estético-ideológico principal da obra literária, incluindo todos os tipos de tempo épico, as variedades de tempo desde o tempo do enredo até ao tempo da personagem, desde o tempo do conflito até ao tempo das emoções literárias como símbolo do tempo do autor, o tempo do "coautor" no sistema do tempo literário.

O autor e o leal aprendiz de Ibn Sino (Avicena), Abu Ubayd al- Juzjoni, como símbolo de coautor, têm linhas de enredo independentes em "Mundo Antigo" (The Ancient World) de Odil Yokubov. A fim de proporcionar a unidade do conceito estético-ideológico da obra literária, o escritor utiliza diferentes capacidades criativas, bem como o tempo do coautor.

O autor recorda o facto dizendo "Havia um domla (figura religiosa numa comunidade muçulmana) que estudou na madrasa (escola religiosa primária) e tinha algum conhecimento das questões modernas da nossa aldeia. No início dos anos 50, depois de terminar o. meu primeiro ano na universidade, fui de férias para a aldeia e esse domla convidou-me para sua casa". Esse religioso tinha escrito em árabe os diários de Abu Ubayd al-Juzjoni sobre Ibn Sino e traduziu toda a informação escrita, palavra por palavra, para Odil Yokubov. Uma vez Odil Yokubov pediu a domla que levasse o livro aos académicos de Tashkent. No entanto, a oferta foi recusada, pois a sua idade e saúde não lhe permitiam traduzir e levar o livro sozinho. Passado algum tempo, descobriu-se que domla tinha falecido. Durante as férias que se seguiram, Odil Yokubov visitou uma vez a casa de domla e pediu-lhe o livro, mas, infelizmente, o livro perdeu-se nessa altura. O autor afirmou: "A memória é delicada; não vale a pena sobrestimar o seu valor, claro, mais vale tarde do que nunca, tentei restabelecer a escrita de Abu Ubayd al-Juzjoni tanto quanto me consegui lembrar" (Yoqubov O. Ancient World, 2004. - 64 P.). O romance é composto por vinte e nove capítulos, sendo que a caligrafia de Abu Ubayd al-Juzjoni é utilizada nos seguintes capítulos: o quinto (Yoqubov O. Mundo Antigo; - P.P. 64-66), o décimo quinto (Yoqubov O. Mundo Antigo; - P.P. 160162), o vigésimo segundo (Yoqubov O. Mundo Antigo; - P.P. 251-257) e o vigésimo quarto capítulo (Yoqubov O. Mundo Antigo; - P.P. 288-293), bem como na conclusão (Yoqubov O. Mundo Antigo; - P.P. 373-375). Um estudioso da literatura, Umarali Normatov, descreveu-a da seguinte forma no seu artigo intitulado "Kukhna Dunyo Saboqlari" (as lições do mundo antigo): "No romance, a voz das personagens está em sintonia com a voz do narrador. As eventuais histórias são narradas por duas pessoas, o autor e Abu Ubayd al-Juzjoni. Os acontecimentos relacionados com Ibn Sino são narrados sob a forma das memórias de Jurjoni, enquanto os outros são dados com os pontos de vista do autor. As formas de descrição e o tom destes dois narradores diferem entre si; na narração de Juzjoni, a objetividade é superior, ao passo que, na descrição do autor, se observam atitudes activas e corajosas de interrupção dos acontecimentos" (Yoqubov O. Ancient World. - P. 383). Na perspetiva do tempo de coautoria de Juzjoni, o tempo do autor tornar-se-á o princípio de uma composição única dos acontecimentos do enredo e o meio que ajuda a ligá-los logicamente. Na conclusão de Chronos[2] dos romances históricos, que é a parte sistemática essencial do tempo do autor - um método de ilustrar o tempo do autor de forma lógica, histórica e factual. De acordo com as suas tarefas literário-estéticas, é representado como um coautor paralelo do autor nas personagens simbólicas e na forma criativa.

O mais importante é que um "coautor" pode representar a forma de outro autor, uma pessoa histórica, bem como documentos histórico-científicos, materiais arcaicos ou livros. Para além disso, na "So'ng so'z" (conclusão) do romance "Spitamen" de M. Koriev, o escritor transfere o tempo do autor para o tempo histórico, do mesmo modo que o tempo histórico para o tempo do autor. Relativamente a Alexandre, o Grande, o juízo da história "grita ... do fundo do século" (Koriyev M. Spitamen, 1985. - P. 302.), para ser mais claro, era o juízo do tempo do autor (este tipo de juízos é antigo). Para demonstrar este juízo da história com a ajuda da realidade histórica, o escritor apresenta a história real de Alexandre o Grande, na qual se fala do sacrifício em sua honra na sala dos talhantes. Esta mesma história foi mandada escrever numa tábua de pedra pelo rei do Egipto, Ptolomeu Lag, em 290 a.C.: "Alexandre. AmonRa. Este sacrifício é dedicado à honra de Alexandre, o Grande; colocarei o seu cadáver, que é tão leve como o mais pequeno pedaço de madeira, pela vontade de Deus..." e assim por diante (Koriyev M. Spitamen, 1985. - P. 302).

"Entre todos os povos, sendo a única e irrepetível pessoa", foi o homem mais leal e de confiança de Alexandre na época, "O Rei do Egipto". Neste contexto, Ptolomeu Lag foi um "ajudante", ou seja, um "coautor". Com a ajuda deste, o tempo do autor pode ser evidenciado em relação à realidade histórica.

No romance "Humayun e Akbar", o tempo do autor é estruturalmente mais complicado. Sendo a combinação das memórias e do tempo psicológico, o tempo do autor é seguido por "co-autores" como as figuras históricas, nomeadamente o rei Akbar como personagem

---

[2] chronos (grego antigo, Xpovoq - "tempo")

principal (Kodirov P. Humayun e Akbar. - P.P. 601-603) e para honrar a sua grande memória, após quatro séculos, uma filha de J. Nehru, Indira Gandi, apresenta ideias respeitosas sobre Akbar (Kodirov P. Humayun e Akbar. - P. 604). O tempo atual do autor ajudou o tempo de Akbar e Nehru, do mesmo modo que o tempo de Akbar e Nehru foi um "ajudante" para o tempo do autor.

O tempo dos "co-autores" proporciona os fluxos do tempo do autor, a construção interior da psicologia criadora e a colocação lógica no processo literário.

3.2. O tempo do autor, incluindo o tempo do prólogo e do epílogo.

O tempo do prólogo e do epílogo nos romances históricos criados nos anos 70-80 do século XX tem um conteúdo e um contexto diferentes, e é considerado um meio estilístico para o tempo do autor.

A psicologia da criação é, em primeiro lugar, o fenómeno do tempo do autor, e para mostrar esta ideia literariamente, os termos como prólogo e epílogo podem ser mencionados como meios estruturais (embora o aparecimento da intenção literária e a compilação de tudo numa obra literária sejam também, em conjunto, o tempo do autor). Os romances históricos da nossa investigação estão estruturalmente organizados em três grupos, de acordo com o prólogo e o epílogo do tempo do autor:

1. O tempo da devoção. Entre as outras obras que investigámos, apenas "Sarbadorlar" (Aqueles que estão prontos para morrer) de M. Ali foi dedicado ao pai do autor. A devoção do autor tem um conteúdo literário-estético claro do ponto de vista semântico. As memórias eternas do pai para um filho, a eternidade espiritual-interior, o seu nome sagrado influenciaram a psicologia de criação do escritor-filho ao fazer um romance. O tempo da memorização é, originalmente, o tempo do autor, e ajuda o romance a enriquecer-se espiritual e moralmente, à medida que se transforma no tempo da inspiração. Aqui, podemos dizer que o tempo da devoção em "Sarbadorlar" se transforma na principal base ideológica e literária do tempo do autor.

2. O *momento do prólogo*. Prólogo (grego, pro - sobre, logos - uma palavra) - Mukaddima (abstrato) (árabe: Introdução, entrada, é a parte que explica e informa sobre a obra literária) em que a intenção criativa-estética do autor ou a versão abreviada dos acontecimentos (UmurovH. 2004. - P. 262). Em alguns casos, estando longe do acontecimento real, é suposto fornecer explicações para os acontecimentos. O prólogo, que vem antes do desenvolvimento do enredo, na obra literária serve para as causas iniciais dos

acontecimentos. Estas causas representam os acontecimentos futuros e as situações, tornando os seus significados claros. No contexto da escrita de romances nacionais, o tempo do prólogo foi utilizado pela primeira vez no romance "Utkan kunlar" ("Os dias passados") de Abdulla Kodiriy. No famoso prólogo, "Do autor", o escritor tentou indicar a intenção ideológica, ou seja, fundamentar o conceito "do passado, os dias mais sujos da história (Kodiriy A. The Days Gone by. 2009. - P.5). O tempo escolhido determina basicamente o tempo do autor que se combina com o tempo do leitor, concetual e moralmente. Todos os aspectos do tempo do prólogo do romance "The Days Gone by" - a intenção criativa do autor, o tema, a ideia, o período histórico, o espaço condicional e limitado no tempo da sua arte, etc. - são claros. O leitor é conduzido não só ao mundo das ideias, das personagens, do tema, do tempo, mas também à psicologia da criatividade do escritor. O tempo do prólogo leva o autor a entrar no tempo do romance e o leitor no tempo do enredo, de acordo com a preparação espiritual e mental. Neste sentido, o tempo do prólogo surge como um tempo inicial de instalação num ponto.

Nos romances e contos de "Tesouros de Ulughbek", "Mundo Antigo" de O. Yaqubov, romances de "Temur Malik" e "Arquiteto" de Mirmuhsin, "Spitamen" de M. Qoriyev e "Sarbadorlar" de M. Ali o prólogo não é mencionado. Não existe prólogo nas variantes de "Noites de estrelas" do romance de P. Qodirov publicadas até 1999. No prólogo "do autor" da edição publicada em 1999, o autor mencionou que a verdade histórica real não foi esclarecida devido à pressão do "regime totalitário" e, após a independência do Uzbequistão, escreveu os seguintes aditamentos à obra "Os temas relacionados com a vida e a obra de Babur Mirza são como um oceano. Neste oceano, dezenas ou centenas de navios literários podem navegar. "Noites estreladas" apareceu como a figura de um dos navios. Em 1972, quando terminei a primeira edição deste romance e o enviei para publicação, senti como se enormes montanhas tivessem sido deslocadas dos meus ombros. Mas, sob a pressão do regime totalitário, o romance ficou inédito durante seis anos. Durante esse período, senti-me como se voltasse a ter aquele fardo sobre os meus ombros. Ao lerem o guião, a maioria dos académicos e dos funcionários expressaram as suas opiniões. Afirmaram que as questões de publicação deveriam ter sido feitas apenas sob as ordens dos líderes supremos da autoridade do Império Vermelho. A versão traduzida diretamente do texto foi enviada para Moscovo, onde foram feitos alguns comentários. Consegui sobreviver a esses problemas. Para não me perder, dirigi-me sempre à verdadeira fonte de "Baburnoma". Ao longo dos anos, foram expressas algumas opiniões críticas sobre as ambiguidades e os defeitos do romance. A expedição dedicada ao estudo de Babur, sob a supervisão de Zokirjon Mashrapov, que deu a volta ao mundo, revelou uma série de factos históricos recentemente descobertos. Estes factos também foram tidos em conta neste romance. Iniciado há trinta anos, em janeiro de 1969, o trabalho ainda não chegou ao fim" (Kadirov P. Star Nights. - P. 3). Como o autor observou, alcançou o seu objetivo literário. De facto, as mudanças seguintes no romance garantiram a literacia da obra, bem como a combinação da imagem literária com a realidade histórica.

No romance de P. Kodirov "Generations' Pass", o prólogo tem o nome "From the Author" e indica a data real de fevereiro de 1997. Este prólogo não estava disponível nas primeiras edições do romance até 1997, devido ao período da época. O autor não pôde ilustrar os dados reais relativos a Babur e aos seus descendentes tanto quanto desejava nas primeiras publicações, pelo que efectuou algumas alterações na publicação de 1997.

A objetividade na trilogia, sobretudo, o tempo do prólogo, a causa e o efeito do tempo do autor e as relações tempo-espaço no sistema de acontecimentos não impedem a estrutura da complexidade. Ou seja, tempo do prólogo em consonância com o tempo do autor, "coautoria" (enquanto o romance estava a ser escrito nos anos 80, durante o diálogo com o autor, o académico de Deli, na Índia, as ideias de Muni Lal foram mencionadas no prólogo da obra, em que se diz que a espada de Amir Temur preservada pela dinastia de Babur foi herdada pelo rei Jahangir. Assim, o historiador indiano mencionado no prólogo representado como coautor) e o tempo do romance tornaram-se um meio de psicologia criativa.

O romance "Spitamen" de M. Kariev não tem prólogo, mas o autor exprime brevemente a sua intenção de criar o romance na sua epígrafe: "Olhei para a história das minhas cidades natais com o conhecimento cheio de imaginação, tanto quanto posso analisar. Tentei dar uma visão literária à minha impressão, ao folhear as páginas da vida da minha nação, da existência da minha nação" (Kariyev M. Spitamen, 1985. - P. 3). Não existe a mesma epígrafe na versão de 2000 do romance. No entanto, o artigo de I. Gafurov "Ijodkor mehrigiyosi (Bondade de um Criador)" (algumas palavras sobre Maksud Koriev) expressa várias opiniões objectivas sobre o romance e o método do autor. Para I. Gafurov, "os heróis históricos comportam-se como seres humanos raros numa situação difícil. Demonstram a sua valiosa inteligência, razão e mente. Nesse momento, acredita-se inconscientemente que é Iskandar, é Spitamen, ao mesmo tempo que são Iskandar e Spitamen de M. Koriev... Eles crescem sob o controlo do autor" (Kariyev M. Spitamen, 1985. - P. 7).

O tempo do autor dentro de um prólogo é mostrado numa individualidade criativa. Porque não é crucial que os romances tenham um prólogo. Os autores podem utilizá-lo em função do seu objetivo literário-ideológico pessoal.

3. Tempo de epílogo. Epílogo (gr. epi - fim. logos - palavra) - Xotima (conclusão) (árabe. o fim de algo ou o término ou momentos finais). Embora os principais acontecimentos do enredo relacionados com algumas personagens estejam concluídos, a sua sorte é concluída brevemente no epílogo. O autor tenta exprimir claramente a sua própria atitude, a sua decisão em relação às personagens do romance, os acontecimentos nos epílogos. O primeiro exemplo de epílogo é dado em "Utgan kunlar", de A. Kodiriy, "The Days Gone by". A. Kodiriy deu informações sobre o futuro destino das personagens no famoso epílogo "Yozuvchidan" (do escritor). "Perguntei a um amigo próximo sobre Yodgorbek durante a minha próxima visita a Margilon. Yodgorbek morreu nos anos 19-20 e teve dois filhos. Um deles era um funcionário público em Margilon; o outro tornou-se um dos protestantes contra o governo em Fergana. Não há mais informações sobre eles, se estão vivos ou não" (Kodiriy A. The Days Gone by, 2009. - P. 382). Os críticos literários têm ideias diferentes sobre o epílogo, sejam elas verdadeiras ou não.

Apenas o romance "Generation Pass" é composto por prólogo e epílogo no tempo épico. Nos romances históricos, apesar de o autor-tempo encurtar um conteúdo resumido em forma no tempo do epílogo. Estruturalmente, consiste em "So'ngso'z" (as palavras finais) (M.Koriyev "Spitamen") e "Xotima" (conclusão) (P.Qodirov "Star Nights", "Generation Pass") Mirmukhsin "Memor" (arquiteto) e "Temur Malik"). Normalmente, a conclusão varia consoante o conteúdo e a situação temporal do romance.

Nos romances históricos, a parte conclusiva do ponto de tempo consiste numa meia página a cinco e oito páginas. Por exemplo: "Yulduzli tunlar" (Noites estreladas) - (23; 439 p.), "Spitamen" - (20; 302 p.), "Humayun e Akbar" - (601-605 p-p), "Mehmor" (Arquiteto) - (409-413 p-p) e "Temur Malik" - (436-443 p-p). Apresentam cenas largas, estreitas ou comparativamente mais largas.

O tempo do autor aparece claramente nesta categoria cultural e nas competências mistas. O tempo do autor é diferente: no romance "Noites estreladas", o tempo do autor mostra a posição de Fazliddin e Tokhir após a morte de Babur.

"O país, fundado por Babur, foi reconhecido por outros países". Viveu 3 séculos e foi abolido. Os descendentes de Babur não chegaram aos nossos dias. Os últimos descendentes terminaram no período do Império Inglês. As obras de Babur continuam vivas até hoje. Apesar de a sua vida ter sido muito curta, a "sua segunda vida" ainda existe há mais de quinhentos anos. Tornou-se uma estrela que brilhou uma vez e continua a brilhar sobre as cabeças daqueles que amam as suas obras" (Kodirov P. Starred Nights, 1985. - P. 439).

O tempo do epílogo do romance "Humayun e Akbar" é estruturalmente aberto, tal como o tempo do epílogo "Me'mor" é estruturalmente um desenvolvimento aberto. O tempo do romance conclui-se com a condição de "destino sombrio" do Xá Akbar - um homem que governou um Estado tão grande não conseguiu encontrar o caminho certo para educar os filhos! (Kodirov P.

Humayun e Akbar, 2012. - P. 600). Akbar criou três filhos, mas não ficou satisfeito com nenhum deles. O pai Shah acreditava que não conseguiria sair do efeito das circunstâncias e dos entusiasmos de Salim afirmando "qual será o resultado?", - disse em pensamento, em apuros. Era a elucidação do epílogo - a resolução do autor. O autor estava a "viver" no tempo do herói principal, no tempo da epopeia. Depois, o lugar muda: o herói principal Akbar e a sua dinastia com ele relacionada passaram a viver o epílogo do autor no tempo do autor e, nesse momento, é considerado não só o "génio hereditário da pessoa relacionada com esta dinastia", mas também a memória da eternidade para além do tempo: mais um acontecimento que surpreende a pessoa - Akbar e a dinastia sobreviveram século a século, e durante muito tempo, passaram a vida mais de cinco séculos. Há um dogma segundo o qual "o talento não se herda". No entanto, o grande talento de Amir Temur passou para Ulug'bek através do seu filho mais novo Shahrukh, o seu filho do meio Miranshah, que entregou a genialidade imortal do seu pai ao seu bisneto Mirza Babur, que são os acontecimentos declarados pela história. Todos os historiadores famosos reconheceram que, após dois séculos, o talento de Amir Temur como grande estadista e coronel invencível reviveu em Akbar sob uma nova forma. O talento como arquiteto de Akbar aumentou para um nível elevado no período do seu neto Shokhjahon, e os génios desta dinastia provam que criaram maravilhas surpreendentes com um poder e uma eternidade raros na história da humanidade. A maior parte dos países que ainda não conhecem a fundação desta grande dinastia é o nosso país, o Turquistão. Porque Babur e a sua geração são chamados "grandes magnatas" pela maioria dos países. Tanto Babur como a sua dinastia sublinharam que eram de origem turca e que se orgulhavam de ser temuridas (Kodirov P. Humayun e Akbar, 2012. - P. 606).

No epílogo do romance "Temur Malik", de Mirmukhsin, o objetivo criativo do autor, a causa da criação desta obra e o objetivo de recolher a verdade histórica foram literalmente expressos como tal:

"Tanto a vida como a morte não pertencem ao ser humano. É por isso que, uma vez que o faço, cumpriria os meus deveres de cidadão da minha pátria se pudesse exprimir o símbolo dos heróis nacionais que amam a sua pátria, porque são eles que estão ansiosos por ouvir algumas palavras calorosas da nossa parte que ficam na eternidade" (Mirmukhsin. Xo'jand qal'asi. (TemurMalik), 1991. - P. 346). No final do outono de 1220 (AD), de acordo com o calendário antigo, entre os meses jalda-dalv de 617, cavalarias magnatas do deserto com grande poder, exército como enxames de gafanhotos liderados por Chingizkhan, de 65 anos, conquistaram a Ásia Central e, após 14 anos, tropas lideradas pelo seu neto Batu khan para as terras do norte da Rússia, em resultado de roubos, derramamento de sangue, destruição do desenvolvimento existente e da luta corajosa de Temur Malik pela pátria, foram enfatizados com verdade no epílogo. O historiador Alauddin Muhammad Juvayniy admitiu a capacidade militar de Temur Malik: "Temur Malik era um coronel tão corajoso que, se Hércules Rustam estivesse vivo, só seria útil para montar cavalos" (Mirmukhsin. Xo'jandqal'asi. (TemurMalik), 1991. - P. 340). No epílogo do romance histórico acima referido, o escritor sublinha o objetivo da criação desta obra:

"Lições de história sangrentas e pegar num lápis para prevenir, para não ser como estas terríveis destruições entre irmãos e para não as acontecer, esta obra é criada para divulgar a paz" (Mirmukhsin. Xo'jandqal'asi. (TemurMalik), 1991. - P. 342). O tempo do autor consiste na expressão do coração do herói principal - o tempo da psicologia como o tempo do epílogo do romance "Me'mor" (Arquiteto). Deus que levou as vidas de Amir Temur Koragoniy, Iskandar (Alexandre o Grande) e Doro, arquiteto condenado à eternidade em vez do estatuto de "Arquiteto": Fizeste tais obras, elas ficam neste mundo para sempre. Eu criei um deserto sem água, tu construíste uma "sardoba" (um caminho para a água entrar) nele. Eu criei o rio, tu construíste uma ponte sobre ele. Criei a areia e a água; tu fizeste tijolos fortes e construíste madrassas. Dei-te inteligência; abriste os segredos do mundo com o teu pensamento incomparável. Sob a voz "As tuas obras são eternas!" Najmiddin Bukhari mantém-se vivo. Ele está tão feliz por ver as novas gerações com estes olhos verdes e transparentes nesta memória" (Mirmukhsin. Me'mor. (Arquiteto), 2001. - P. 413).

Nalguns romances históricos, o prólogo e o epílogo são apresentados com base na intenção criativa do autor. Nos romances históricos criados nos anos 70-80 do século XX, no momento do prólogo e do epílogo, os factos históricos e as ficções conduzem à criação de obras artísticas, bem como a informações gerais sobre o destino dos heróis. Através deste método, os autores conseguiram transferir para a literatura acontecimentos que combinam factos históricos.

3.3. O tempo da psicologia criativa do autor.

A criatividade significa a pessoa ou o mundo natural, social ou espiritual, as necessidades, os objectivos e os desejos de uma pessoa e, de acordo com o potencial de mudança, é entendida em termos de atividade criativa. A gama criativa de sujeitos (indivíduos, grupos sociais, comunidade) no objeto (ou todo o ambiente mais ou menos isolado de uma parte separada de) uma pressão ativa e consistente. Este processo altera o ambiente que rodeia o próprio sujeito, até agora, desconhecido, inexplorado, cria inovações únicas e atractivas

O processo criativo também muda o mundo, realiza-se como um ser imaginativo e criativo. A criatividade é uma caraterística fundamental da pessoa, a pessoa precifica propriedades: a capacidade e o desenvolvimento de competências, bem como o seu nível socializado de atividade criativa e construtiva.

"A capacidade de criar algo é uma dádiva da natureza, o processo de criação da alma do artista está cheio de segredos, os momentos de criatividade são um grande ritual", disse uma vez Belinsky (Boboyev T., 2001. - p. 65). Semanticamente, o tempo do autor é o tempo da criatividade. Psicologia - a abrangência universal é um conceito muito amplo. O processo de criação de uma obra artística e a imaginação criativa, o pensamento artístico e poético, inspirado pela intuição mística, e consistente com o trabalho realizado, baseado na busca da natureza humana, o sentimento de auto-importância. "Impressionante um quarto do lavvy oma" "alma acrescentada". O académico AlibekRustamov disse: "mulhama" significa inspiração. De repente, um homem inspirado por um fenómeno misterioso pode ser compreendido.

1. "Nafs-u mulhama" significa a força que desperta diferentes desejos atractivos dentro das pessoas. As pessoas da arte e da ciência têm essa paixão. As pessoas são aquelas que têm essa paixão, amor, beleza, criatividade, dedicação e entusiasmo"
(Rustamov A. So'z xususida so'z, 1987; p.-p. 33-34).

A peculiaridade do processo de criação de uma obra artística é que o objetivo do trabalhador artístico significa influenciar o leitor, nomeadamente o objetivo produz o desempenho e, em seguida, o objetivo e o desempenho unem-se. Por conseguinte, o objetivo do autor com o seu desempenho e o motivo do trabalho com a unidade de propósito transformam o processo de trabalho artístico num evento completo. (QuronovD., MamajonovZ., SheraliyevaM. Adabiyotshunosliklug'ati, 2013; p.109). Nos dias de hoje, a obra artística em "cena" misteriosa da psicologia "nascerá" no género literário com o processo da sua criação. A obra artística pertence à literatura enquanto o processo se relaciona com o autor. O lado maravilhoso e misterioso da inspiração é que tanto a obra artística como o processo de criação da obra dizem respeito ao autor. O autor cria os planos de escrita do trabalho artístico e a relação do processo de trabalho, durante esse tempo e o seu próprio mundo que é "vivo", entra no "mundo" interior do seu trabalho de escrita e transforma-o no seu próprio mundo poético. Por outras palavras, o processo objetivo da psicologia da criatividade entra no tempo subjetivo do autor com as suas funções ideológicas, composicionais e substantivas complexas. O sistema do autor é, na verdade, inspirado pelo nascimento de um objetivo criativo, a escolha inevitável dos seus processos criativos internos e, finalmente, inclui as características quantitativas e qualitativas da ideia intencional do plano de forma e conteúdo estético-literário na integridade do género até se tornar uma obra criativa.

O académico A.M.Levidov descreve como o dialeto da categoria objetiva e subjectiva na literatura, na pintura, na música e na arte de representar se concretiza na sua pesquisa intitulada "Autor - imagem - leitor", este conflito dialético baseia-se nas três condições seguintes:

1. Não dar qualquer informação sobre o próprio autor

2. Para dar algumas informações sobre o próprio autor.

3. Não é *necessário falar sobre o próprio autor ("há uma grande necessidade de morte")* (UmurovH. Badiiyijodasoslari, 2001; p. 86).

"A mãe impede que o bebé apareça no útero até ao dia do parto, até um trabalhador artístico chama a ideia poética do artista (a descendência da grávida) e guarda-a até ao dia do parto. O processo de criação da criança é apropriado para o processo deste fenómeno físico e o sofrimento espiritual não é estranho para o artista (V.G. Belinsky). O início da rebelião no coração do autor, quando o plano aparece, é o momento de grande poder, como resultado do rápido desenvolvimento do colapso das coisas comuns, que de repente explodem, e as suas peças começam a transformar novas imagens (L.Leonov) (UmurovH. Badiiyijodasoslari, 2001; p.45).

O criador elabora o seu próprio mundo artístico através da realidade da vida que passa pelo prisma da sua alma. O autor coloca uma vasta gama de problemas e soluções, e conhece a verdade da vida com base na experiência pessoal, sentimentos e impressões na realidade artística. Para que o leitor sinta amor ou ódio por um determinado assunto, o escritor deve ter o mesmo sentimento", afirma Abdulla Kahhor. - Se um autor escreve sobre algo com que não se sente satisfeito, o leitor também não pode sentir nada. Por isso, é importante queimar para ser queimado e respeitar para ser respeitado. Algo que é escrito sem sentimento é como uma flor feita de papel".

Assim, a dor interna é prejudicial para o coração de uma pessoa. As pessoas não sabem onde se colocar nessa altura, um homem no seu desejo de libertar os corações dos outros com o problema, o nível de tortura. Nessa altura, quer pegar no lápis e pegar na mão. Por isso, quando a inspiração aparece, o escritor sente-se totalmente, se o escritor não tem inspiração, o autor ainda não se sente" (KahhorA. Asarlar. 5-jild, 1989; p.50).

A personalidade do herói, os sentimentos humanos e as experiências, os sucessos e as perdas, a busca da perfeição e da maturidade, a luta pela verdade e o desejo de governar sem representações exactas da famosa criação artística só são apropriados para os verdadeiros trabalhadores da arte. Afinal, "A criatividade é um grande mistério e um grande sucesso. A criatividade é o acontecimento mais misterioso, intrincado e excitante da vida do ser humano e o acontecimento mais importante da atualidade" (RaximovI., O'tamurodovA. Ijodfalsafasi, 2005; p.152).

O sistema do autor e a sua participação e relação de heróis podem ser imaginados em "O Tesouro de Ulughbek", no "Velho Mundo" e em "Noites de Estrelas", romances que escrevem a história.

Para "O Tesouro de Ulughbek" e "Noites de Estrelas", uma caraterística dos romances e a caraterística mais importante é o facto de serem descritos nas condições históricas dos séculos XV e XVI da imagem real e do complexo sentimento espiritual dos grandes antepassados e da sua vida, que é rica em acontecimentos dramáticos (NosirovA. Tarixiyhaqiqatvauningbadiiytalqini, 1999; p.17). Durante o regime totalitário, em que a religião e os nossos antepassados eram condenados sem piedade, foi grande a coragem de escrever obras históricas sobre os nossos antepassados e criar imagens de Avicena, Beruni, Ulughbek e Babur.

De facto, devido aos génios, à grandeza e ao poder de IbnSina, al-Beruni, Ulughbek e Babur, os escritores clássicos O.Yoqubov e P.Kodiriy podem ser imaginados no estado mental em que se encontravam. Pode supor-se que ambos os escritores se sentiram inconscientes quando escreveram sobre Ulughbek e Babur, que eram simultaneamente grandes cientistas e reis lendários. A psicologia da criatividade inclui o período de tempo que vai desde o nascimento da intenção literária até à construção das soluções de género. Se o escritor não tiver nada a ver com os sentimentos interiores dos pensamentos das personagens e das suas soluções, é impossível criar uma obra completamente pensada para atrair a atenção dos leitores.

A psicologia de criação relacionada com o romance "O Tesouro de Ulughbek", bem como a época do autor, é diferente de todas as outras. OdilYokubov vivia a lamentar-se da sorte de Ulughbek. "Tudo acontecia quando não se esperava: "Naqueles dias, - memorizou o autor, - estava a trabalhar em "Diyonat" (Honestidade) (romance - B.T.). Depois de ter escrito setenta e cinco páginas, o trabalho não avançou. Na minha maneira de escrever, estava "bloqueado" em todo o lado. Num desses dias, sonhei durante a noite, era como um pesadelo. No meu sonho, Jakhongir Amir Temur apareceu com a sua espada na mão, montado no seu cavalo branco! "Quanto tempo vais ficar na cama? Quem escreverá sobre os teus antepassados se não o fizeres?" - gritou ele com raiva!

Exatamente, esse sonho levou-o a escrever o romance "O Tesouro de Ulughbek", ou seja, a intenção criativa é alcançada no início do tempo do autor.

"Se disserem porquê, depois desse sonho, a minha saúde mudou e não me senti bem durante vários dias, - memorizou o autor sobre os seus sentimentos nessa altura. - Nessa altura, foi publicado no jornal "Nedelya" (Semana) um artigo muito importante de Irakli Andronikov, no qual o académico escreveu sobre Mirza Ulughbek. Aí, mencionou as numerosas invenções de Ulughbek, bem como a sua grande biblioteca, que deveria ter sido transferida para uma gruta na montanha antes de ser assassinado. Depois de o ler, perdi a minha paz interior. A luta entre a luz e a escuridão era muito acesa naquela altura, no entanto, havia Ulughbek que iluminava a história. Esta personagem ocupou especialmente a minha mente. Li muitos manuscritos e obras literárias históricas, de facto, costumava ler a tragédia "Mirza-Ulughbek" de Shaykh".

Em suma, comecei a escrever um romance sobre o cientista e o rei Ulughbek. Fui levado a fazê-lo por muitos factores, incluindo insatisfações e desejos meus não realizados...

...Falei com cientistas e astronautas, bem como com a maioria dos autores que tinham conhecimento da vida do nosso grande antepassado. Depois, fui a Samarkand, onde as relíquias de Ulughbek foram deixadas. À noite, dormia no observatório histórico, olhando as estrelas, pensando profundamente na história, e mergulhava no mar das ideias... Tentei recriar a grande história da cidade de Samarcanda, e compreender os sectores misteriosos enquanto o grande Ulughbek era morto.

Depois de investigar a história dos grandes povos, cheguei a uma última conclusão: Deus não cria as grandes almas para nada..."

O cientista que encheu o mundo inteiro com as questões brilhantes e passou a vida a estudar os segredos do universo teve uma sorte tão triste por ter sido assassinado pelo seu próprio filho. Isto pode ser concluído como a tragédia de uma grande pessoa, ou seja, "um acontecimento doloroso que os nossos antepassados sentiram no seu coração profundo". Estes sentimentos foram suficientes para inspirar o autor. Embora o romance tenha sido escrito durante o período de um ano e meio, na sua opinião, "o autor viveu a vida de Mirza-Ulughbek unanimemente durante o período de quatro anos".

De facto, o autor não estava satisfeito com a versão inicial do romance internamente, além disso, foram colocadas muitas questões pelos historiadores que tinham lido o projeto. Entre elas, o autor apreciou mais do que outras as seguintes:
- não introduzir corretamente a hora do tempo histórico real da personagem;
- não apresentar corretamente o texto na língua dos séculos medievais, e outros.

Estas características específicas da psicologia da criação não permitiram que o autor continuasse o romance incluindo sentimentos e emoções. No entanto, a ideia de Ulughbek já ocupava a sua mente: "Li várias vezes Holy Karan", recorda o autor. - E com uma nova força voltou ao "Tesouro" (O romance "Tesouros de Ulughbek"). Embora a estrutura do romance tenha sido demasiado alterada, o seu significado e, de igual modo, o seu enredo, bem como o desenvolvimento dos acontecimentos, tornaram-se mais intensos. Reuni o fluxo dos acontecimentos num só lugar. Desta forma, escrevi-o desde o início e verifiquei-o". Dotado de um dom de antecipação por Deus, o grande cientista Mirza-Ulughbek sabia o que ia acontecer à sua volta e conhecia os perigos para a sua vida e para a vida da sociedade. No entanto, era paciente e vivia para o bem do conhecimento e acreditava que, com a ajuda do poder do conhecimento, podia lutar contra esses perigos. Saindo destas condições, O. Yokubov viveu com a vida de Ulughbek e o escritor pôde criar um romance tão grande como "O Tesouro de Ulughbek"...

O Professor M. Kushjanov assinalou a psicologia criadora do escritor da seguinte forma:

"Odil Yokubov conseguiu reunir todas as informações relacionadas com Ulughbek, incluindo a tragédia de Ulughbek, a traição de Abdulatif, a bravura de Ali Kushchi, a traição de Mavlono Muhyiddin e foi capaz de alterar a escala dos acontecimentos ocorridos em torno destas pessoas. Os leitores podem compreender facilmente todos os acontecimentos e a sua avaliação na sua mente devido à capacidade de descrição do escritor" (Qo'shjonovM. Badiiyatqonuniyatlari, 1982; P. 301).

A outra versão da psicologia de criação do escritor nas relações causa-tempo é subjectiva, ou seja, intimamente relacionada com o fator humano. Aqui, referimo-nos ao "tempo de causa" na criação de romances como "Noites Estreladas" e "Mundo Antigo".

P. Kodirov sublinhava frequentemente que o líder do país, Sh. R. Rashidov, que controlava a república na década de 1970, lhe telefonou e convidou-o a escrever um romance histórico sobre Babur e que o mais importante era imprimi-lo em Moscovo, primeiro em língua russa e depois em Tashkent, em língua uzbeque (os seus romances, que foram publicados primeiro em Moscovo e depois em Tashkent, permitiram-lhe escapar à compressão do Partido Líder na década de 80). Com o desejo de escrever um romance (na verdade, o processo de escrita do romance continuou durante vinte anos até à escrita de "Generation Pass"), o escritor dedicou-se ao seu trabalho criativo e viveu em ....

A sua prova criativa pode ser vista no romance histórico de O. Yokubov, intitulado "Mundo Antigo": "Que nação é essa que não quer conhecer a sua história, a sua linhagem e o seu género?", diz o autor. - Atrevo-me a escrever uma história sobre enciclopedistas como Ibn Sino e Abu Rayxon Beruniy. A base da intenção do escritor foi a seguinte "No final de 1979 - menciona O. Yokubov - Ontem, pessoalmente, Sharof Rashidov aceitou-me a mim e a Abdulla (Abdulla Oripov - B.T)! Ele obteve uma autorização para celebrar o aniversário de mil anos de Abu Ali ibn Sino. Será construída uma bela cidade em Afshona, onde ele cresceu. A este respeito - disse Rashidov - Odil, escreverás um romance perfeito como "Tesouro" e escreverás um poema imortal, Abdulla. Se para isso precisares da minha ajuda, estou sempre pronto. Odil, o meu conselho para ti - disse Rashidov - Primeiro, vai a Bukhara e vê os lugares onde o erudito cresceu e escreve um romance que informe sobre esta celebração... Os romances "Mundo Antigo" e "Sábio e Morte" foram escritos dessa forma. Com as suas ideias em "Mundo Antigo", de O. Yokubov, e em "Sábio e Morte", de Abdulla Oripov, Sh. Rashidov tornou-se uma causa e um símbolo de obras escritas, na verdade, ele voltou-se para os homens que transformaram esta era no tempo do coautor. É claro que os pontos dos co-autores são condicionados pelos seus estatutos simbólicos, uma vez que a sua época também é simbólica, autêntica, no centro do período do autor, o nascimento do objetivo criativo e a formação de um romance estético completo - que o está a terminar - continua até ao tempo da solução, eventualmente, passa para o tempo do escritor. Isto significa que o tempo do autor não é abstrato como parece, talvez seja o século da psicologia holística da criatividade que contém o início e o fim completamente claros do período.

"Desde os meus anos de estudante, não parei de ler o "Boburnoma" durante quarenta anos. Tentei visitar os locais mais sagrados de Babur, viajei para a Índia e para o Paquistão e concluí que os aspectos que nos mostram Babur de forma mais apelativa são as suas qualidades humanas e o seu talento único" (QodirovP. Til, tarix, muhabbat// Yoshlik. 1989; p. 2). Pirimkhul Kodirov aprendeu todos os relatos históricos que foram escritos na altura e viveu a vida de Babur durante a escrita do seu romance. Sobre isto, o autor disse: "... os artistas desenham quadros que correspondem às verdades segundo os ossos deixados pela história e imaginam peles de ossos. Eu fui basicamente por aí. Em termos de fidelidade, os documentos históricos originais desempenham um grande papel nos romances. Mas sabe-se que, no corpo vivo, a pele é mais pesada do que o osso. Da mesma forma, penso que o resultado da imaginação é mais do que os factos neste romance" (QodirovP. Izlanishquvonchivatashvishlari, 1980; p. 223).

3.4. O tempo do autor e as categorias parciais do tempo literário.

Como já foi referido no início, o tempo do autor é o conjunto de categorias artísticas do período em que um escritor utiliza diversas categorias de uma era artística de acordo com as suas intenções criativas. Entre elas, destacam-se o tempo do herói e o tempo do leitor. A competência artística baseia-se no conhecimento implícito. Ao mesmo tempo, a abordagem do autor ao texto e a reação do leitor ao romance serão tidas em conta. De que imaginário emergem a interpretação e a atenção de um autor? Qual é a forma de o leitor compreender a literatura? Todas estas questões formam uma crítica de reação do leitor" (Jonathan Culler. Teoria literária, 1997; PP. 3132).

Há três tipos de personagens em qualquer interpretação literária que desempenham um papel decisivo. O primeiro é a personagem de uma história ou a caraterística mais marcante da personagem. A análise será justificada e fiável se o intérprete trabalhar de acordo com o tempo da personagem. O segundo é o ponto de vista do escritor, ou seja, as suas características únicas e o seu sinal de vida. A interpretação literária exige que se preste atenção também a estes factores. O terceiro, o carácter do intérprete (leitor) - intelecto, obrigação, conhecimento, relação com a época e talento (RasulovA. Badiiylik - bezavolyangilik, 2007; P. 125).

A arte é um meio de comunicação entre o autor e o leitor do objeto estético; embora o texto seja capaz de trocar informações com a partitura, todas as três entidades - a obra de arte do autor, o herói, o leitor deste processo de comunicação, participam. Ao mesmo tempo, uma interação entre o tempo e o texto pode ser imaginada da seguinte forma:

a) a época em que a obra de arte foi criada (o romance é escrito numa época específica. Por exemplo, a época mencionada nos romances "Noites de estrelas" (1969-1978); "Humayun e Akbar" (1983-1993); "Arquiteto" (1971-1974); "Temur Malik" (1975-1985); "Hunged" (1984-1989), "Tesouros de Ulugbek" (1970-1973) é indicada com exatidão. A preparação da prática da psicologia em certas obras de arte está relacionada com o que foi dito acima, exceto no que diz respeito aos processos de recolha de material. No entanto, a ideia de trabalhar num determinado género evolui com base na iniciativa criativa de escolher um tema e no nascimento da intenção de estabelecer o conceito ideológico e estético. No entanto, o nascimento das aspirações criativas para a criação de um género específico de texto surge durante a psicologia do tempo do autor. O tempo em que o autor se inspira no tempo psicológico interno e organizacional também está incluído no tempo do autor;

b) a época atual das obras literárias (existem raras obras de arte da antiguidade);

c) o período de aceitação da hora do leitor.

De facto, o trabalho literário, tal como o tempo de escrita do texto em consonância com o tempo de leitura e de domínio do mesmo, também é tido em conta. Por conseguinte, o tempo do autor é inseparável do tempo do leitor. O sistema do autor reflecte-se plenamente na época do herói. Este produto artístico de um herói, então o tempo do autor é livre e independente.

Se a personagem é histórica e um dos maiores heróis nacionais (Spitamen, Temur Malik e outros) ou um dos reis (Ulughbek, Babur, Humayun, Akbar), então, nem o autor nem a personagem podem ser independentes no seu tempo. As personagens históricas reais têm sempre as suas próprias linhas e círculos de tempo. O autor deve manter os limites dessas linhas e círculos temporais. Ou seja, o tempo real histórico é derivado do tempo do autor. O autor tem uma fronteira de estatuto no tempo da sua personagem, para além da independência que não ultrapassa. Por outras palavras, um período histórico real, como o tempo de uma personagem, não se transforma no tempo do autor. Nos romances históricos, o tempo das personagens históricas une-se naturalmente ao tempo do autor. Como resultado, não só a evolução do próprio autor nessa altura, mas também a evolução das personagens literárias têm estado no centro da criatividade psicológica do autor. Isto mostra personagens que as grandes personalidades históricas, a sua formação do estatuto de pessoa e de honra, os processos de antecipação, os factos e as provas que daí resultam.

Esta exigência, o autor, e as imagens históricas - o período das personagens desenvolvem uma harmonia mútua. O tempo do romance é um sistema estrutural complexo combinado com a manutenção. A ligação autor-personagem é um processo complexo de criação.

O autor, mais do que uma personagem, conheceu e viu coisas mais do que as suas próprias nunca chegou a ver. O autor na sua ousadia dispersa e descrita em mundo de formiga, personagem dispersa e a sua vida reunida num só rosto. O autor no seu período, a personagem e o seu período sentiram as suas imagens ficcionais criadas. Neste processo criativo, o período do autor passa a ser o período da personagem ou, ao contrário, o período da personagem passa a ser o período do autor.

Mas o tempo do autor e o tempo de uma personagem não são semelhantes entre si. O tempo da personagem termina o texto como o símbolo do tempo da imagem (só termina condicionalmente num pedaço de texto. Como Ulughbek, Babur, Spitamen, Temur Malik, que são personagens permanentes transformadas em eternidade) O tempo do autor é mantido no texto do tempo do romance prolongado, porque na obra literária há pessoas literárias, exceto a personagem. E não só existem pessoas literárias no momento, mas também leitores e o seu tempo. O reconhecimento acima referido sublinha que o tempo do autor é um sistema complicado. Os romances históricos são, de acordo com o género e o tema, impressões de historiadores. O tempo histórico que está incluído no sistema do tempo do romance histórico é a categoria principal. O tempo do autor é orgânico com o tempo histórico, o que é considerado um axioma claro.

A ligação entre o tempo do romance e o tempo histórico do autor é expressa no tempo presente. O tempo presente está intimamente ligado tanto a um tema como a uma conceção idealógica. De acordo com o professor N. Shodiev "na obra literária, sem ter em conta os tipos de temas que a compõem, pode sentir-se o tempo presente direta ou indiretamente através da "maneira" interior da época" (N. Shodiev, P.134).

3.5. O tempo do autor para além do livro.

De acordo com a sua natureza, ou seja, com o seu tempo, a criatividade é um processo de inspiração ilimitado e sem limites, e é a unidade da estética literária que transporta a eternidade no desenvolvimento. Na experiência criativa, este acontecimento literário-estético comum depende indiretamente da especificidade das competências individuais do autor, em primeiro lugar, para desenvolver o conteúdo lógico da obra literária e a sua complexidade como objetivo literário da obra oficialmente impressa. O processo criativo é descrito diretamente de acordo com o tempo do autor. Neste caso, o tempo do autor é um trabalho criativo ininterrupto da época. Podemos ver como prova disso a inserção de um suplemento nos romances de autor "Tesouros de Ulughbek" e "Humayun e Akbar". A inserção de um suplemento depende de factos históricos.

A psicologia criativa dos processos mágicos na forma do tempo do autor dá essa continuidade misteriosa, produtividade estética. Neste sentido, o tempo do autor não é apenas um tempo criativo, tal como essa categoria, que está relacionada com os sentimentos interiores. O tempo psicológico de uma obra literária como tempo do autor gira em torno dos acontecimentos tanto semântica como logicamente. Em suma, o tempo do autor no seu processo criativo é um sistema único e estabelece o "tempo criativo", ou seja, a categoria provém do puro tempo de criação.

O tempo criador no estatuto do tempo do autor, juntamente com a psicologia criadora semântica, lógica e de acordo com o plano de conteúdo, é o sistema gnosiologicamente absoluto unido, ou seja, quintessencial. O sistema quintessencial no sistema do tempo literário, assim como é um fenómeno literário-estético.

O tempo do autor difere de um para outro em função das características do tema e do género da obra. Nas obras que consistem em ficções, o autor é livre no seu tempo. No entanto, nos romances históricos, essa liberdade é limitada. Partindo da sua intenção ideológica, o autor limita mentalmente o tempo histórico e transforma-o na forma de uma obra literária (nos nossos exemplos, o tempo do romance é dado). Os resultados criativos são alcançados por esta via.

Na nossa análise, as obras literárias históricas escolhidas exprimem-se claramente no plano do conteúdo unido, tal como na superioridade do tempo do autor devido à sua universalidade estético-criativa no sistema do tempo do romance. A base científica da nossa opinião é que nos romances históricos o autor observa e sente os acontecimentos históricos e a vida das pessoas históricas, bem como as suas fortunas, e aborda o tempo passado a partir do seu tempo. Passando do tempo presente para o passado, o autor sente e respira essa vida e esses destinos, e vive simultaneamente na vida das personagens. Ou seja, criar a psicologia e o seu tempo misterioso e mágico é o tempo do autor na realidade.

CAPÍTULO 4

IV. PRETÉRITO PERFEITO - UM MODIFICADOR DO TEMPO GRAMATICAL

O espaço e o tempo, o seu carácter ilimitado e os seus limites são uma das questões mais controversas para a humanidade. Após o aparecimento da ciência da filosofia e das abordagens filosóficas, as características do espaço e do tempo foram identificadas como o principal problema da ciência. As diferentes abordagens relacionadas com as noções de espaço e de tempo são consideradas como elementos fundamentais para a maioria das áreas científicas, incluindo a linguística e a literatura.

Sentir e compreender o movimento e a mutabilidade do mundo com a ajuda das formas do tempo literário é considerado o objeto da literatura e da linguística. Nos últimos anos, a maior parte das pesquisas sobre o papel e a importância do tempo literário na literatura e na linguística foram realizadas. A investigação da imagem do tempo gramatical e dos modificadores dos tempos verbais na literatura permite analisar o sistema-estrutural da obra literária. A base concetual do espaço e do tempo é aceite como o princípio principal da linguística cognitiva. Os linguistas têm-se concentrado no desenvolvimento da linguística cognitiva, nas características linguísticas relacionadas com as noções de espaço e tempo, bem como na relação linguística entre espaço e tempo. É relevante afirmar que a linguagem e a essência do espaço e do tempo têm desempenhado um papel importante no desenvolvimento da linguística cognitiva (1; p. 12). Os modificadores do tempo gramatical são o adjetivo espaço-temporal, os advérbios de tempo, as formas e os tempos do verbo, as formas auxiliares que exprimem os significados do tempo. As formas do tempo literário nos romances históricos são geralmente apresentadas no pretérito perfeito. Nos enredos dos romances históricos, os acontecimentos históricos são introduzidos cronologicamente através da vida da personagem escolhida, ou, cobrindo toda a descrição da história, a vida da personagem escolhida é observada através dos acontecimentos históricos e da vida de outras personagens (5; p. 216). Depois de conhecer todos os factos em pormenor, o escritor regressa à realidade do passado com a ajuda da ficção. O objetivo literário do escritor é atrair a atenção dos leitores e narrar os acontecimentos do passado de forma viva. Para atingir o seu objetivo, o escritor precisa de combinar o tempo da obra literária e o tempo da narração. Além disso, utiliza eficazmente a categoria do tempo verbal como modificador do tempo. A categoria do tempo verbal expõe a ligação das acções ou estados ao tempo, ao sujeito e ao objeto e exprime diferentes características estilísticas (6; p. 3). Ao analisar o papel das formas verbais nas obras literárias, devemos saber que elas podem ser normais e anormais ou ocasionais como uma ferramenta poética nos textos. Por vezes, a língua do período em que a obra foi escrita e a língua do período em que a obra está a ser analisada requerem abordagens comparativas e tipológicas. E de acordo com o ponto de vista linguístico, e de acordo com o ponto de vista poético, para investigar a condição da linguagem de um determinado período é importante analisar as mudanças cronológicas na história, bem como as formas estáveis (4; p. 37).

4.1. Exprimir um tempo literário através do tempo passado

Na língua uzbeque contemporânea, há algumas formas que são utilizadas para exprimir o pretérito dos verbos: -di, -gan, -(i)b, -edi/ ekan/ emish (10). Os verbos, que são acrescentados às formas mencionadas, exprimem significados diferentes. Por exemplo:

a) - di: "a fim de expor exatamente que o acontecimento conhecido e visto pelo orador aconteceu até ao momento da fala": Bola otasining so'zlaridagi ma'noni durust tushunmagani uchun bunchalik tez va oson "xo'p" dedi. Ammo ayollar murakkab hislar tug'yonida qoldilar. Qorako'z begimning Umarshayx mirzoga termilib turgan ko'zlarida yosh yiltilladi (8; 15-b.).

O pretérito simples/presente perfeito (yaqin o'tgan zamon) exprime o acontecimento real ocorrido no passado e significa que a ação foi concluída no passado, antes do momento em que se fala. De acordo com o seu carácter, esta forma de tempo verbal não é subjectiva mas objetiva. O escritor informa sobre os eventos como se tivesse visto e participado, e esta ação já está terminada e os seus resultados podem ser vistos no momento da fala.

Humoyun esa qo'rchiboshiga "ma'zursiz" degan kabi jilmayib qo'yganini Hamida bonu aniq ko'rdi. Shu payt yigitning peshonasi ustidagi Ko'hinur ko'kish ziyo taratib sehrli charaqladi. Humoyun Hamida bonuga atrofda bor yigitlarning eng ko'hligi va baxtlisi bo'lib ko'rindi. Qiz ertalabki xavotirliklarini unutib, Humoyunning bu tomonga bir qarashini va ko'z ko'zga tushishini istadi (9; 16-b.).-(i)b: (i)b: "para expor o facto de não participar ou ver a si próprio, mas ser informado por outros mais tarde, e saber através de outras fontes": Após a morte de Umarshaykh Mirza, correu o boato de que "o rei caiu na ravina, muito em breve a cidade seria ocupada pelos inimigos e, com medo de Bobur Mirza, fugiu da cidade". Darvesh Gov, o supervisor de água/mirob (responsável pela manutenção do canal principal da cidade), foi uma das vítimas desses boatos.

Qo'li bog'log'liq Darvesh gov Boburga va undan beriroqda o'tirgan Xo'ja Abdullaga bosh egib, ta'zim qildi-yu: - Adolat qiling, amirzodam! - dedi. - Men fitnachi emasmen, ustod! Bozorda bir yapasqi navkar menga aytdi. "Podshoh Axsida mast bo'lib jardan yiqilib o'libdir.

Bobur mirzo yog'iydan qo'rqib Olatog' tomonga <u>qochibdir</u>", dedi. Boburning g'ashi kelib: - Bo'hton bu! - dedi (8; 29-b.).

Os verbos narrativos do passado exprimem as acções concluídas no passado e, deste ponto de vista, não diferem dos tempos verbais do passado simples/presente perfeito. A diferença entre os verbos narrativos do passado e o pretérito simples/presente perfeito não está na expressão do pretérito, mas nos seus significados adicionais e na sua delicadeza.

O escritor informa sobre os acontecimentos ocorridos no passado com a ajuda dos verbos narrativos do passado ou ilustra que o escritor narra o acontecimento histórico com base em algumas fontes. Utilizando o método da retrospeção, o escritor começa a narrar a partir do tempo presente, recuando passo a passo no passado. A situação atual do enredo é narrada memorizando os acontecimentos passados.

Se a lenda for apresentada no enredo do romance histórico ou se alguns acontecimentos forem memorizados pelo escritor ou pelas personagens, o romance é informativo e narrativo. Qadim-qadim rivoyatlarga qaraganda, Olamni yaratgan yakkayu yagona Alloh eng go'zal sayyoralardan biri bo'lgan Yerni yaratgandan so'ng uni barcha el-elatlar, qavmlar, urug'lar, xalqlarga <u>bo'lib bera boshlabdi</u> (7; 12-b.).

As guerras de Humoyun contra Sherkhan são narradas pelo escritor: Humoyun uni ta'qib etib Bangolaga borsa, Sherxon bu viloyatda bor xazinalarni ship-shiydam qilib, undan Gauriga <u>o'tibdi</u>. Humoyun yoz issiqlarida mashaqqat chekib Gauriga borsa, Sherxon u erdagi xazinani ham talab, qo'liga ilingan boyliklarni yig'ib, Roxtas degan tog' qal'asiga <u>qochib ketibdi</u> (9; 32-b.).

Embora para criar as personagens protótipo, os seus retratos e as descrições da natureza sejam expressos com verbos narrativos no passado, entende-se que existem no momento em que se fala. O escritor descreve-os como se os pudesse ver agora. É por isso que os acontecimentos que ocorrem nestas descrições podem ser expressos no tempo presente pelo escritor.

s) - gan: "a fim de expor que a ação foi realizada e ainda existe": Spitamen baland bo'yli, keng yag'rinli, jussasi baquvvatdan kelgan o'ttiz yoshlar chamasidagi yigit edi. U boshqalarga o'xshab zebu ziynatlarga belanmagan. Ustidagi oq duxobadan tikilgan yoqasiz ko'ylagi o'ziga yarashib tushgan (7; 35-b.).

Hindistonda to'qqiz asrdan beri o'nlab musulmon podsholari o'tgan, lekin birortasi shu adolatsiz soliqni bekor qilishga jur'at etmagan. Umidim borki, endi shunga siz jur'at etursiz!

Faqiru bechoralarga qilgan xayru ehsoningiz ham, menga bergan ulug' in'omingiz ham shu bo'lg'ay! (9; 226-b.).

O pretérito perfeito (uzoq o'tgan zamon fe'li) exprime-se por vezes com o sufixo - dur. De facto, o sufixo -dur é uma forma curta do sufixo -durur. Quando o sufixo -dur é acrescentado ao pretérito perfeito (uzoq o'tgan zamon fe'li), esta forma verbal perde a sua objetividade. Neste caso, não exprime os acontecimentos que ocorrem na vida real, mas dá o significado da dúvida do narrador sobre se a ação aconteceu de facto.

A forma do verbo com o sufixo -gan emish é usada principalmente em formas de discurso narrativo para expressar os eventos que foram ouvidos, mas não verificados se realmente aconteceram. Com a ajuda desta forma, o escritor pode narrar o que ouviu, mas não confirma se é verdade.

- edi/ ekan/ emish: "a fim de expor que a ação não está relacionada com o tempo presente mas com o passado": Akbar o'shanda bu so'zlarga javob topolmay lol bo'lib qolgan, Salim ota esa ikki yuz ming rupiy in'omni olmasdan, dasturxondan faqat ikkita non olib beliga tukkan va Sekriga piyoda qaytib ketgan edi (9; 226-b.).

A lista deste tipo de significados pode ser preenchida com mais exemplos. Mas, se os significados mencionados forem analisados, o mais comum é "a ação foi feita no passado", e as outras diferenças não estão relacionadas com o GGM (General Grammatical Meaning - Significado Gramatical Geral) do tempo verbal. Por exemplo, "incompletude", "não participar", "não estar presente durante a conversa" não estão de todo relacionados com o significado do tempo verbal. Portanto, analisá-los em relação ao tempo verbal é desnecessário. É por isso que, nos termos dos verbos narrativos do passado e do pretérito contínuo, as palavras como narrativo e contínuo devem ser marcadas como aquelas que não estão relacionadas com o tempo verbal e, além disso, que criam algumas dificuldades para a categoria do tempo verbal. A combinação de vários significados com o significado de tempo verbal pode ser marcada como uma forma de ilusão gramatical. Para dar a atmosfera real, o escritor tenta utilizar a linguagem do período em que os acontecimentos do romance se desenrolam. Na linguística contemporânea, as formas passadas do verbo são expressas por -di, -gan, -gan edi, -moqchi edi, -b, -ib edi, -r, -ar edi, ao passo que, nos romances históricos, - dir (-dur, -durur), - gan emish, - mish, -ibdur são consideradas formas arcaicas. A antiga língua uzbeque abrange o período entre XII-XIII e até ao início do século XX.

Durante o período em que viveram Temur Malik, Amir Temur, Mirzo Ulugbek, Bobur e as suas gerações, era utilizada a antiga língua uzbeque. O escritor utilizou magistralmente a língua uzbeque antiga ao descrever estes protótipos de personagens e as suas vidas. Naturalmente, a língua de um romance histórico é sempre uma mistura da língua do momento histórico e da língua do tempo do autor. Odil Yokubov, Primkul Kodirov, Maksud Koriyev, Mirmuhsin e Muhammad Ali mostraram a beleza da combinação da língua uzbeque antiga e da língua uzbeque moderna nos seus romances históricos.

Quadro 1

Aplicação das formas do pretérito perfeito nos romances históricos

Historical novels / Past tense forms	"Ulugbek`s treasure" "Ulug'bek xazinasi"	"Star nights" "Yulduzli tunlar"	"The Passing generations" "Avlodlar dovoni"	"Spitamen" "Spitamen"	"Sarbadars" "Sarbadorlar"
(-di) -dir (-dur, -durur)) yaqin o'tgan zamon shakli	Ulug'bek usturlobni joyiga qo'ydi-da, devorga suyanib ko'zini yumdi (2; 132-b.).	Tilidan tutilmishdir, jazosini berish darkor! (8; 29-b.).	Akbar vaqtning tez o'tganidan taajjublandi (9; 226-b.).	Andoq rivoyat qilibdurlarki... (7; 16-b.).	Samarqand muzofoti ushbu zotga iqta' qilib beriladur (3; 145-b.).
(-gan, -kan, -qan+shaxs son yoki to'liqsiz fe'li) o'tgan zamon hikoya fe'li	Mirzo Ulug'bekning ko'p nodir kitoblarini yashirg'an emish (2; 250-b.).	U Boburning otasi o'rniga hukmdor bo'lganini eshitib, undan himoya so'rash niyatida arkka borgan edi(8; 32-b.).	Hazrat onangiz sizni "bormoqchi" degan edilar (9; 226-b.).	Mana bu voqea qish kunlari ro'y bergandi (7; 99-b.).	Hijriy 764 yil shavvol oyining 18-kuni tuyalar karvoni Samarqandning Kesh darvozasiga etib kelganida vaqt xuftondan oshgan edi (3; 9-b.).
(-b(ib) + shaxs son yoki edi to'liqsiz fe'li) o'tgan zamon hikoya fe'li	Bugun u Mavlononing o'yiga ikkinchi marta boribdi (2; 215-b.).	Siz haqsiz, men sahv qilibmen (8; 44-b.).	Kechagiday yodida turibdi (9; 226-b.).	Hatto Bessning lashkari o'rtasida ham shu gaplar yuribdi (7; 103-b.).	Ilyosxo'ja Samarqandni bosib olibdir (3; 55-b.).
(-moqchi edi) o'tgan zamon maqsad fe'li	Ustod uning gapiga quloq solmay, qo'ltig'idan ko'tarib, o'rnidan turg'azmoqchi bo'larmish... (2; 280-b.).	Biz xonim hazratlari bilan sizga boshqa bir maslahat bermoqchi edik (8; 80-b.).	Boburiylar xonadonining keksa kayvonisi men bo'lganim uchun Arabistonga borib, og'am Komron mirzoning qabrlarini ziyorat qilmoqchi edim	Spitamenni qo'ldan chiqarib yubormaslik uchun cho'l tomondan uning yo'lini to'sib qo'ymoqchi bo'lishdi (7; 171-b.).	Abu Bakr Kalaviy undan qolgan fuqarolar haqida birma-bir so'ramoqchi edi (3; 136-b.).

			(9; 290-b.).		
(-r, -ar, -ayotgan, -moqda edi + shaxs son) o'tgan zamon davom fe'li	Tashqarida hamon qor aralash yomg'ir yog'ar, bo'ron quturar, bog'dagi keksa daraxtlar ayanchli g'iytillar edi (2; 252-b.).	Osmonning sharq tomonidan bir parchasi xiyol oqarib kelmoqda edi (8; 81-b.).	Bu hodisa kuppa-kunduz kuni Dehli ko'chasida yuz berdi. Akbar otasining maqbarasini ziyorat qilib qaytayotgan edi. (9; 244-b.).	Quyosh izg'irinli shu oqshomda yuzlari sovuqdan qizarib botib bormoqda edi (7; 262-b.).	Bir maromda jaranglagan bu ovoz ko'ngilni ezar darajada mayus, goyo har sado berganida: "Borar yo'lim hali olis... hali olis... hali olis..." deyayotganday bo'lar edi (3; 471-b.).

As várias formas do pretérito perfeito mostram que os verbos desempenham um papel muito importante na língua uzbeque. Além de representar a relação entre o tempo da ação e o tempo da fala, as formas mencionadas também caracterizam as acções, os acontecimentos, as condições e o ambiente: exato, contínuo, intensivo, definido, relativo a um período e outros factores são tidos em consideração. Além disso, estas formas podem exprimir condições de subjetividade, objetividade e relatividade.

CONCLUSÃO

A modelação literária do tempo da obra literária é considerada como um sistema multinível e unido dos vários tipos e formas do cronos, incluindo a continuidade e a sequência. A sequência do tempo literário, as fases da imagem cronologicamente, a violência nestas fases, o movimento independente do tempo, o movimento oposto do tempo, as tendências retrospectivas e prospectivas, as perturbações do ritmo, ir para além do tempo, isto é, ir para além da ilimitação, tudo isto pode representar o modelo imagético peculiar da obra literária, e a forma literária-estética unida deste mesmo sistema. De acordo com a intenção literária do autor, todas as formas sistemáticas, tipos, categorias do tempo literário e os seus estilos particulares, individualmente, em simultâneo, proporcionam a unidade do tempo literário reunindo tudo ao mesmo tempo. A poética complexa da obra literária é construída por meio desse sistema complexo da sequência tradicional do tempo universal. A sequência do tempo e a sua eternidade criada na eternidade da arte transformam-se em princípio literário-estético. Ou seja, só a arte pode comprometer-se com o tempo de forma inabalável e pode incluir desde os segundos únicos até à eternidade. Este título estético valioso da própria arte é também originalmente a eternidade descrita como o tempo em acontecimentos espirituais e materiais, para ser mais preciso, o Espaço estando para além do tempo, não estando condicionado no termo da eternidade para sempre. Naturalmente, o tempo astronómico real não tem esse título. De facto, ele é também ilimitado, contínuo: o início do tempo, como dissemos acima, no fim não termina, mas, a etapa final será a fonte de energia para o novo começo. Desta forma, o tempo move-se no ciclo eterno do princípio e do fim. Com isto queremos dizer que a eternidade não é a última etapa, mas é a ilimitação que inclui a continuidade e a perfeição. Esta lei universal do espaço universal é a lei da eternidade da literatura.

Depois de termos investigado os romances históricos, chegámos à seguinte conclusão:

- sendo uma categoria literário-estética, o tempo literário pode ser considerado como um sistema único;

- o sistema do tempo literário é o "modelo" literário-estético combinado da poética universal tradicional;

- a arquitetura de um romance histórico, a área do enredo, o sistema das personagens e dos personagens, a conceção literário-psicológica do romance estão intimamente relacionados com o tempo literário da poética textual literária;

- Com base nos conceitos de autor, personagem, leitor, investiga-se o tempo literário;

- os estilos do tempo literário nos romances históricos: com a ajuda da retrospeção e da prospeção, os acontecimentos da obra literária podem ser relacionados com a história e ligados ao futuro, assim como foi identificada a condição paralela dos tempos verbais;

- foi analisado o papel das categorias literárias na arquitetura do romance histórico;

- o papel do tempo, tais como estabilizado-acelerado, alongado-espremido, em linha reta e em ziguezague, bem como as suas características peculiares, são identificados;

- são apontadas as possíveis realizações da aplicação do conceito de tempo literário nos romances históricos da literatura uzbeque.

A investigação científico-teórica e comparativo-tipológica das questões, bem como as sínteses analíticas, aprofundar-se-ão cientificamente enquanto forem estudadas do ponto de vista da modelação artística individual nos romances em que o tempo histórico é derivado para o tempo literário.

A categoria do tempo literário está em processo de desenvolvimento. Assim, podemos concluir que investigar as formas, os tipos, as tarefas e as características peculiares do tempo literário, juntamente com o espaço literário, é considerado muito atual na atualidade.

BIBLIOGRAFIA

[1]   Baxtin, Mixail Mixaylovich. Estetika slovesnogo tvorchestva. [em eng. Estética da

criatividade verbal] - Moskva: Xudoj. lit. 1967. - 424 p.

[2] Baxtin, Mixail Mixaylovich. Literaturno-krtiticheskiye stati. [em eng. Artigos literário-críticos] Sost. Bocharev S. i Kojinov V. - M, 1986. - 287 p.

[3] Bakhtin M.M. Problemas da poética de Dostoiévski. - L.: Priboy, 1879. - 243 P-

[4] Boboyev To'xta. Adabiyotshunoslik asoslari. [Teoria da crítica literária] - Toshkent: O'zbekiston, 2001. - 557 b.

[5] Yoqubov Odil. Ulug'bek xazinasi. [O tesouro de Ulugbek] - Toshkent: G'afur G'ulom nomidagi Adabiyot va san'at nashriyoti. 1994. - 334 b.

[6] Yoqubov Odil. Kuhna dunyo. [in eng. Mundo Antigo]. - Toshkent: Sharq, 2004.

[7] Jo'rayev Mamatqul, Narziqulova Manzura. Mif, folklor va adabiyot [Mito, folclore e literatura]. - Toshkent: Alisher Navoiy nomidagi O'zbekiston Milliy kutubxonasi nashriyoti. 2006.

[8] Jo'raqulov, Uzoq. Mif va ijodiy jarayon. O'zbek adabiy tanqidi:(antologiya)/ tuzuvchi va nashrga tayyorlovchi Bahodir Karimov [Crítica literária uzbeque: antologia] - Toshkent: Turon-Iqbol. 2011.

[9] Jonathan Culler. Literary theory. - New York: Oxford University PRESS, 1997. - 155 p.

[10] Karimov, Bahodir. Kodiriy nasri - nafosat qasri. [A prosa de Kodiriy - castelo de fascínio] -Toshkent: O'zbekiston. 2014.

[11] Gyuo M. **nponcxoxfleHne Hjjen BpeMeHH** [em eng. A origem do conceito de tempo] **Co6p. COH.**, T.11. **Cn6.**, 1898.

[12] Gay N.K. Iskusstvo slovo. [Arte da palavra]. - M.: Nauka, 1967.

[13] Kun, Nikolay Albertovich. 2005. Qadimgi yunon afsona va rivoyatlari. [Lendas da Grécia Antiga]. Rus tilidan Poshali, Usmon va Fazliddin, Shukur tarjimasi. - Samarqand: Zarafshon.

[14] Keren, Lyusen. Ulug'bekning astronomiya maktabi [Escola astronómica de Ulugbek]// O'zbekiston adabiyoti va san'ati, 2009.

[15] Lixachyov, Dmitriy Sergeyevich. Poetika drevnerusskoy literaturi. [A poesia da literatura russa antiga] - Moskva: Nauka, 1979.

[16] Nosirov, Azimiddin Tarixiy haqiqat va uning badiiy talqini. ("Yulduzli tunlar" romani misolida). (A realidade histórica e a sua interpretação literária (A exemplo do romance "Noites estreladas")). Filolologiya fanlari nomzodi ...diss. - Toshkent, 1999. - 128 b.

[17]   Marija Brala Vukanovic, Lovorka Gruic Grmusa. Space and Time in Language and Literature. Cambridge Scholars Publishing, 2009. - 30 p.

[18]   Meletinskiy, Yelezar. Folclore e pós-folclore: estrutura, topologia e semiótica. www.ruthenia.ru/folklore/me

[19]   Muhammad, Ali. Sarbadorlar. Roman [Sarbadars. Romance]. - Toshkent: G'afur G'ulom nomidagi adabiyot va san'at nashriyoti. 1997.- 560 b.

[20]   Mirmuhsin. Xo'jand qal'asi. [Fortaleza de Khujand] (Temur Malik).Tarixiy roman. - Toshkent: G'afur G'ulom nomidagi Adabiyot va san'at nashriyoti. 1991. - 346 b.

[21]   Mirmuhsin. Me'mor. Tarixiy roman. [Um arquiteto, romance histórico] - Toshkent: Sharq matbaa nashriyoti. 2001. - 415 b.

[22]   Navin, Husayn. 2008-2009. Jaloliddin Rumiyning kosmogonik tanish nazariyasida insonning olam bilan uyg'unligi [Unidade do ser humano e do universo na teoria de Jaloliddin Rumiy]// Sino. - Eron Islom Respublikasi, Tehron: Bunyod-e andishe-ye eslomi. -N°32-33.

[23]   Parandovskiy, Yan. So'z kimyosi. Jahon adiblari adabiyot haqida. (Ozod Sharafiddinov tarjimalari) [Química das palavras. Visão dos escritores mundiais sobre a literatura]. To'plab nashrga tayyorlovchilar: Sharafutdinova M., To'ychiyeva Sh. - Toshkent: Ma'naviyat, 2010. - 390 b.

[24]   Panasenko N. Inter-relações entre tempo e espaço literários em textos prosaicos: // http://www.pulib.sk/elpub2/FF/Ferencik.

[25]   Raximov I., O'tamurodov A. Ijod falsafasi [Filosofia do trabalho criativo] // Fanlarning falsafiy masalalari. - Toshkent: Universitet, 2005. - 291 b.

[26]   Rasulov A. Badiiylik - bezavol yangilik. [Arte - eterna novidade]. - Toshkent: Sharq, 2007. - 336 b.

[27]   Rzhevskaya N.F. Estudo do problema do tempo da arte na filologia estrangeira. /Boletim da Universidade de Moscovo. 1969. £5.

[28]   Rustamov, Alibek. So'z xususida so'z [Palavra sobre a palavra]. -T., 1987.

[29]   Rixsiyeva, Gulchehra. She'riy nutqda fe'l shakllarining vazifalari [Funções das formas verbais na comunicação poética] // Filologiya masalalari. - Toshkent, 2007. - Xsl (14). - B. 36 - 39.

[30]   Sodiqov, Sanjar. Tarixiy-polifonik roman. O'zbek adabiy tanqidi:(antologiya) [Romance histórico-polifónico. Crítica literária uzbeque: (antologia)] // tuzuvchi va nashrga tayyorlovchi B.Karimov. - Toshkent: TURON- IQBOL, 2011. - 544 b.

[31]   Sulaymonov A., Hojiyev A., Jo'rayeva J. Fe'l zamonlari [Tempos verbais]. - Toshkent: O'zbekiston Fanlar akademiyasi nashriyoti, 1962. - 167 b.

[32]   To'ychiyev, Ummat. O'zbek adabiyotida badiiylik mezonlari va ularning maromlari [Norma literária na literatura uzbeque]. - Toshkent: Yangi asr avlodi. 2011.- B. 237.

[33]   TypaeBa, Eaxop. OopMBi, Tunbi н стнлін xygoxcecTBeHHoro BpeMenn [Formas, tipos e estilos do tempo literário] //Onjiojiorna н KyjibTypojioriui: coBpeMeHHbie npo6jieMi "i н nepcneKTHBM pa3BHTna: Mex,ayHapo,2jHaji Haynno-npaKTHnecKaji KOH^epeHijiifl. -MocKBa, 2013. - C. 69-76.

[34]   Turaeva, Bahor. Uma teoria do tempo literário// Young Scientist. - EUA, 2014. - N° 4. - P 189-193. info@YoungScientistUSA.com

[35]   Typaesa, Eaxop. KaTeropua xy^oxecrBCHHoro BpeMerni в jnrreparype (Ha npHMepe yaScKCKnx HCTopnHecKnx poManoB) [Categoria de um tempo literário na literatura (a exemplo dos romances históricos)]. // Молю^он ynenbiH. - MocKBa, 2014. No 3 (62). -C 853-856. info@moluch.ru

[36]   Turaeva, Bahor. O pretérito perfeito - um modificador do tempo gramatical. Ensino de línguas estrangeiras: Presente e Futuro. Conferência científica internacional. - Tashkent, 2016. - P. 197-201.

[37]   Turaeva, Bahor. O conceito de tempo literário na reflexão dos conhecimentos e tradições sobre a natureza e o universo //LangLit: An International Peer-Reviewed Open Access Journal. FACTOR DE IMPACTO - 4.23. ISSN 2349-5189. Vol. 3 Edição 3 180 fevereiro, 2017. Sítio Web: *www.langlit.org.* - P. 180-190.

[38]   Umurov, Hotam. Adabiyotshunoslik nazariyasi [Teoria da crítica literária]. - Toshkent: A.Kodiriy nomidagi xalq merosi nashriyoti. 2004. - 262 b.

[39]   Umurov, Hotam. Badiiy ijod asoslari [Teoria do trabalho literário criativo]. - Toshkent: O'zbekiston, 2001. - 120 b.

[40]   Umarova, Mahliyo. 2013. Tarixiy dramada badiiy vaqt: Shekspir va Fitrat [Tempo literário no drama histórico]. - Toshkent: Mumtoz so'z.

[41]Kahhor, Abdulla. Asarlar [Escritos]. 5-jild. - Toshkent: G'.G'ulom nomidagi adabiyot va san'at nashriyoti, 1989. - 228 b.

[42]   Kodiriy, Abdulla. O'tkan kunlar. Romano. [Dias passados. Novela.] - Toshkent: Sharq matbaa nashriyoti. 2009. - 383 b.

[43]   Koriyev, Maksud. Spitamen. Romance histórico. [Spitamen, romance histórico -

Toshkent: G'afur G'ulom nomidagi Adabiyot va san'at nashriyoti. 1985.- B. 302.

[44] Ko'shjonov, Matyokub. Badiiyat qonuniyatlari. Saylanma. [Cânones da arte; obras seleccionadas] (ikkitomlik), 1 tomo. - Toshkent: G'.G'ulom nomidagi adabiyot va san'at nashriyoti, 1982. - 384 b.

[45] Kuronov, Dilmurod, Mamajonov, Zokirjon, Sheraliyeva, Mashxura. Adabiyotshunoslik lug'ati. [Glossário de crítica literária] - Toshkent: Akademnashr, 2013. - 406 b.

[46] Kodirov, Pirimkul. Til, tarix, muhabbat [Língua, história, amor]// Yoshlik. 1989. - Ns5. - B. 2-14.

[47] Kodirov, Pirimkul. Izlanish quvonchi va tashvishlari [Prazeres e problemas da investigação]//Sharq yulduzi. 1980. Ms2. - B. 216-224.

[48] Kodirov, Pirimkul. Yulduzli tunlar. (Babur) [Noites estreladas de Babur]. Tarixiy roman. - Toshkent: Sharq matbaa nashriyoti. 1999. - 543 b.

[49] Kodirov, Pirimkul. Avlodlar dovoni. (Humoyun va Akbar) [Humoyun e Akbar]. Tarixiy roman. - Toshkent: Sharq matbaa nashriyoti. 2012. - 670 b.

[50] Shodiyev, Narzulla Gorizonti eposa: Xudoj.-estet. Bogatstvo epicheskoy prozi literatur Sredney Azii i Kazaxstana [Horizontes de Epos. Tesouro literário-estético da literatura épica em prosa da Ásia Central e do Cazaquistão]. - Tashkent: Literatura i iskusstvo, 1986.

[51] Jabbor Eshonqul. O'zbek folklorida tush va uning badiiy talqini [O sonho no folclore uzbeque e a sua interpretação literária]. http://kh- davronuz/kutubxona/uzbek/jabbor-eshonqul-folklorda-tush-tabiri.html

[52] Losev, Aleksey. Antichnaya filosofiya istorii. Mifologicheskoye vremya i mifologicheskiy istorizm [Filosofia antiga da história. Tempo mitológico e historicismo mitológico]. http: //www. sno.pro 1. ru/l ib/losev/3.htm

[53] Meletinskiy, Yelezar. Folklor i postfolklor: struktura, tipologiya, semiotika [Folklor e postfolklor: estrutura, tipologia, semiótica]. www.ruthenia.ru/folklore/meletinsky

[54] Panasenko, Nataliya. Inter-relações entre tempo e espaço literário em textos prosaicos: // http://www.pulib.sk/elpub2/FF/Ferencik2/pdf

[55]   http://kaz2.docdat.com/docs/index

[56]   http://www.faylasuf.uz

Informações sobre o autor

I. Bahor Bahriddinovna Turaeva

II. Universidade Estatal de Línguas Mundiais do Uzbequistão, professor.

Endereço: apartamento n.o 29, casa n.o 16, Blok G-9a, distrito de Uchtepa, Tashkent, Uzbequistão.

Código postal: 100138.

Correio eletrónico: bahorturaeva@gmail.com. Número de telefone: +998998181683.

Buy your books fast and straightforward online - at one of world's fastest growing online book stores! Environmentally sound due to Print-on-Demand technologies.

Buy your books online at
www.morebooks.shop

Compre os seus livros mais rápido e diretamente na internet, em uma das livrarias on-line com o maior crescimento no mundo! Produção que protege o meio ambiente através das tecnologias de impressão sob demanda.

Compre os seus livros on-line em
www.morebooks.shop

Printed by Books on Demand GmbH, Norderstedt / Germany